DISCOURS

ET

RÉQUISITOIRES

DE

M. ROULAND,

ANCIEN PROCUREUR GÉNÉRAL,

MINISTRE DE L'INSTRUCTION PUBLIQUE ET DES CULTES,

SÉNATEUR,

GRAND-CROIX DE LA LÉGION D'HONNEUR.

———

TOME II.

PARIS.

IMPRIMERIE IMPÉRIALE.

———

M DCCC LXIII.

voi aussi Fiche même Cote

DISCOURS

ET

RÉQUISITOIRES.

DISCOURS

ET

RÉQUISITOIRES

DE

M. ROULAND,

ANCIEN PROCUREUR GÉNÉRAL,

MINISTRE DE L'INSTRUCTION PUBLIQUE ET DES CULTES,

SÉNATEUR,

GRAND-CROIX DE LA LÉGION D'HONNEUR.

TOME II.

PARIS.

IMPRIMERIE IMPÉRIALE.

M DCCC LXIII.

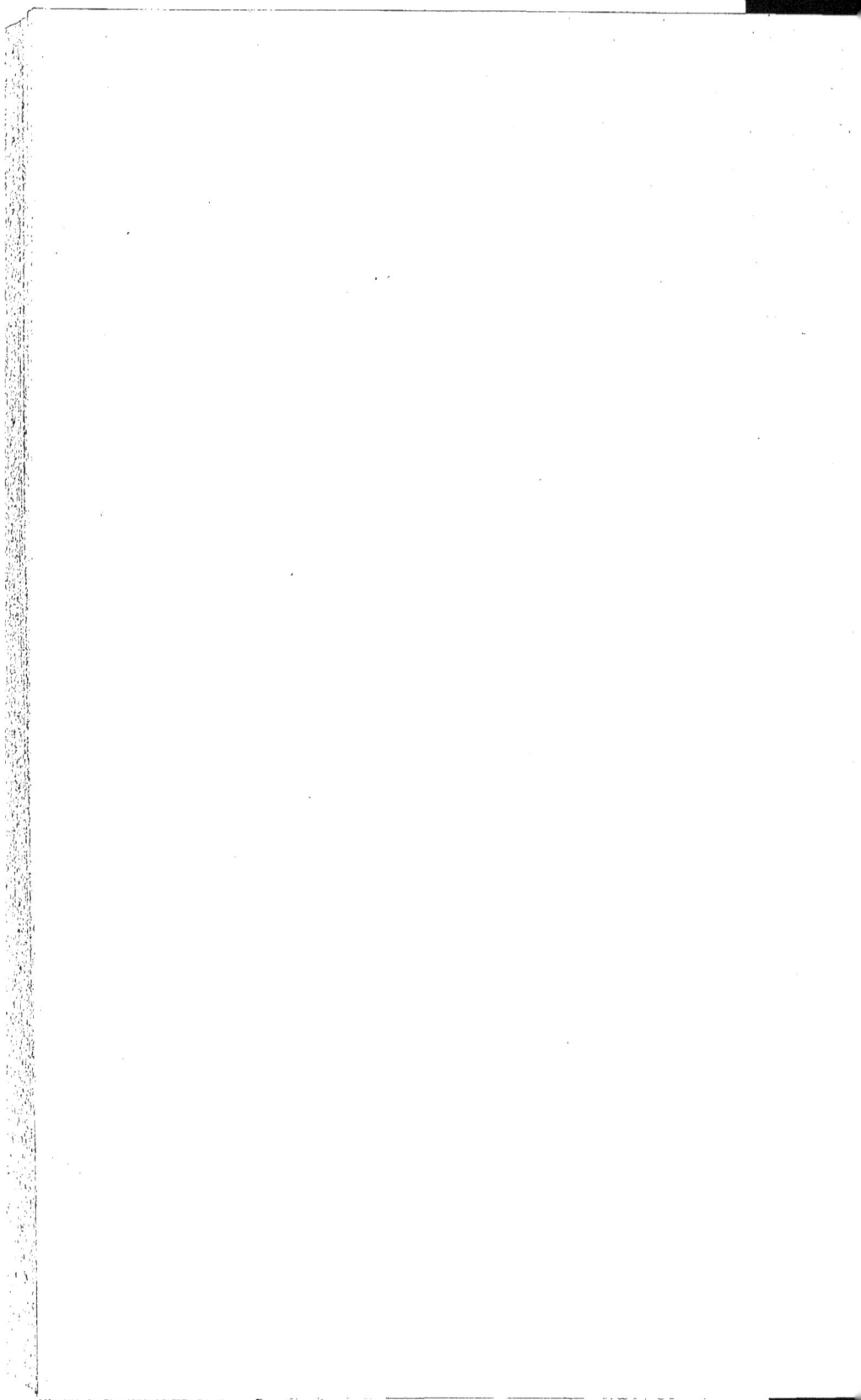

MINISTÈRE

DE

L'INSTRUCTION PUBLIQUE ET DES CULTES.

S. EXC. M. ROULAND, MINISTRE.

13 Août 1856.

MINISTÈRE

DE

L'INSTRUCTION PUBLIQUE ET DES CULTES.

OUVERTURE

DE LA SESSION DU CONSEIL IMPÉRIAL
DE L'INSTRUCTION PUBLIQUE.

—

3 décembre 1856.

MESSIEURS,

Je me trouve pour la première fois en présence du Conseil impérial de l'instruction publique, et je n'hésite pas à lui faire l'aveu des sentiments qui naissent de cette situation si sérieuse et si nouvelle pour moi.

Je succède, sans l'avoir ni prévu ni désiré, à un Ministre que le Conseil entourait de ses affections, que l'Université regardait justement comme le restaurateur de sa discipline et de ses études, et qui, grâce à une longue expérience des choses et des hommes de cette Université, semblait naturellement appelé à diriger la vaste administration qui lui était confiée. Je comprends donc les obstacles que j'ai à vaincre, car je suis homme nouveau dans ce monde de l'instruction publique, si riche de talents et de renommées : j'ai à conquérir tout à la fois la confiance et l'autorité.

Je devrais ajouter, Messieurs, que cette légitime défiance de moi-même s'accroît devant cette assemblée, où siégent les plus grands fonctionnaires de l'État, les chefs les plus illustres de la magistrature, les princes de l'Église et les plus glorieux vétérans de la science et des lettres.

Toutefois, Messieurs, il faut que le devoir envers l'Empereur et l'État s'accomplisse, et, s'il est bien que je mesure, avec une certaine crainte révérentielle, les difficultés de ma tâche, et avec une sincère modestie les responsabilités de mon élévation, je ne dois pas moins marcher résolûment dans la voie des affaires publiques, où j'espère rencontrer, Messieurs, votre indispensable et cordial concours. Permettez-moi de vous le demander au nom de l'Université, qui, débarrassée de ses préoccupations et de ses luttes, ne voit dans la liberté de l'instruction qu'un stimulant généreux pour ses efforts et ses travaux; au nom de nos enfants, qu'il s'agit de doter d'une éducation morale et puissante, afin qu'ils soient dignes de la France et qu'ils la gardent forte, tranquille et honorée parmi les nations; et, souffrez que je vous le dise, au nom des sentiments de gratitude et de déférence que j'ai déjà voués au Conseil impérial.

Votre session, Messieurs, sera courte et peu

chargée d'affaires; les besoins du moment n'exigent pas qu'il en soit autrement. Il convenait, d'ailleurs, de réserver pour les sessions de 1857 l'examen de toutes les graves questions. Le nouveau système d'études supérieures et secondaires subit l'épreuve de la pratique; ses avantages et ses inconvénients ne peuvent ressortir incontestablement aux yeux du pays qu'après cette épreuve faite dans des conditions suffisantes de maturité. J'ajoute qu'il faut aussi qu'un ministre nouveau ait tout le loisir de l'étude et toute la garantie d'un exercice prolongé pour fixer ses idées et ses opinions.

Votre sagesse, Messieurs, approuvera sans doute cet esprit de réserve, si nécessaire pour le maintien et le perfectionnement de l'œuvre universitaire. Nos lycées voient augmenter le nombre de leurs élèves dans une proportion considérable; nos Facultés continuent leur organisation; l'étude des sciences fleurit, celle des lettres se soutient; l'instruction primaire s'étend et s'améliore. On peut attendre dans une telle situation; et ce sera plus tard seulement que j'aurai l'honneur de soumettre au Conseil impérial le tableau complet des résultats intellectuels, moraux et financiers, de notre large système d'instruction publique, parce qu'alors aussi l'expérience sera entière, et l'heure des saines appréciations sera venue.

En vertu du décret dont lecture vient d'être

donnée, je déclare la session du Conseil impérial,
pour 1856, ouverte, et j'invite M. le secrétaire à
donner lecture du procès-verbal de la dernière
séance.

DISTRIBUTION DES PRIX

DE L'ASSOCIATION PHILOTECHNIQUE[1].

14 décembre 1856.

MESSIEURS,

Je remercie les directeurs de l'Association Philotechnique d'avoir offert au ministre de l'instruction publique l'honneur de présider votre distribution de prix.

Si haut que soient placés les fonctionnaires de l'État, ils n'ont pas de plus belle mission que celle d'aider le peuple laborieux, de l'encourager dans les voies de moralité et d'instruction, de se placer à ses côtés, de lui tendre une main amie, et de réaliser ainsi, au profit des grandes et impérissables idées d'ordre public, la véritable égalité.

Aussi suis-je heureux de me trouver au milieu

---

[1] L'Association Philotechnique, fondée le 29 mars 1848, a pour objet de donner gratuitement aux ouvriers adultes une instruction appropriée à leurs professions. Des cours relatifs aux arts, au commerce et à l'industrie, ont été ouverts par elle à la Sorbonne, à l'École supérieure de pharmacie, à l'école municipale Turgot, à Saint-Denis et à Corbeil.

Cette association a pour président M. le comte de La Riboissière, sénateur, et pour vice-présidents, MM. Labrouste, directeur de l'établissement libre de Sainte-Barbe, et Marguerin, directeur de l'école municipale Turgot.

de vous, Messieurs, parce que j'y rencontre toutes les classes de la société confondues dans une même pensée d'enseignement et d'amélioration. Les hommes les plus éminents ont fondé, soutenu, dirigé cette association avec le dévouement qui vient des âmes généreuses. La science, les arts et les lettres ont fourni à vos cours si nombreux des professeurs qui sont l'orgueil de l'Université, et dont le monde apprécie le haut savoir et le caractère. Rien n'égale le zèle qu'ils déploient pour la propagation de l'instruction pratique. Certes, Messieurs, c'est un consolant spectacle pour les gens de cœur, car ici s'accomplit le devoir social de chacun.

Honneur donc à ces fondateurs, à ces directeurs, à ces professeurs qui instruisent l'artisan et l'ouvrier, afin qu'ils aient le travail plus intelligent et plus fécond! Honneur et reconnaissance à eux! Ils aiment le peuple, en effet, ceux qui, loin de le troubler par je ne sais quelles doctrines de haine et de subversion, le conduisent à l'estime de lui-même, au calme des études utiles, et lui ouvrent tous les moyens d'une existence occupée, honnête et fructueuse! Honneur et reconnaissance à ces hommes de bien qui pratiquent l'amour de leurs semblables et n'en retirent d'autre récompense que le témoignage de leur conscience! Je me trompe, Messieurs : ils ont l'affection et la gratitude de la

foule qui se presse autour d'eux, et je suis certain
d'être l'interprète de la société tout entière en leur
disant aujourd'hui : « Soyez heureux de votre
« œuvre si bonne, si désintéressée, si populaire.
« Vous êtes venus, par l'enseignement professionnel
« gratuit, au secours des plus pressantes nécessités
« du temps. Vous avez bien mérité des classes la-
« borieuses; elles vous félicitent et vous remer-
« cient. Vous avez bien mérité de la France et de
« l'Empereur; la France et l'Empereur vous féli-
« citent et vous remercient. »

Et vous, Messieurs, qui, chaque jour, trans-
formés en élèves studieux, avez consacré vos courts
loisirs à votre instruction professionnelle, me per-
mettrez-vous de vous adresser aussi mes félicitations les plus cordiales et mes plus sincères remercîments?

Les institutions politiques n'auront jamais la
puissance de changer les lois éternelles que Dieu a
imposées à l'humanité. L'origine de tout bien-être
est dans le travail. Vainement les règles sociales
établissent des droits abstraits d'égalité et de liberté; elles ne peuvent, après tout, qu'abaisser les
barrières devant l'intelligence et les efforts de l'in-
dividu. Elles ouvrent à l'homme un vaste champ
dégagé des entraves et des priviléges; mais elles
ne lui ôtent ni la concurrence, ni les hasards de
la vie, ni la responsabilité de sa conduite, ni les

exigences impérieuses de l'intelligence et du labeur.

Sans doute, les chances sont diverses et variables, et les épreuves ne sont pas distribuées à tous dans la même proportion : aussi la religion du Christ, dans ses hautes et sereines régions, vient-elle compenser ces inégalités du sort par les promesses divines en faveur de ceux qui souffrent, et par la charité la plus ardente autour d'inévitables misères. Pour elle, la vie n'est qu'un passage dont Dieu compte les heures, afin de se souvenir de leur emploi au jour de sa suprême justice. Tout homme jeté sur cette terre est astreint à la loi de l'activité, au développement de ses facultés et au respect de sa conscience. C'est pourquoi, suivant la volonté de la Providence, ses meilleurs instruments de succès sont le travail et la probité. Cette vérité, la plus simple et la plus pure, ne vous a point échappé, et grâces vous en soient rendues !

Je ne sais rien au monde de plus digne de l'estime de tous que l'homme gagnant le pain de chaque jour par le travail, comprenant que l'étude des connaissances professionnelles accroît la valeur de ses produits, s'honorant lui-même par le respect de son état, et se préparant ainsi sa place, et peut-être l'avenir, au milieu de cette société industrielle où il y a tant d'exemples de l'économie, de la pro-

bité, du labeur, du savoir et de la persistance cou-
ronnés par le succès. Et, en outre, combien s'épurent, à ce régime de l'instruction, et les sentiments
de famille, et les grands intérêts du peuple! Plus
la raison des hommes s'éclaire, plus l'âme s'élève,
plus la famille prend d'espace dans les préoccupations matérielles et morales, et plus aussi l'ouvrier, instruit et tranquille, révèle à la société qui
l'adopte ses titres à l'assistance et à la considération
de tous.

Et ne croyez pas, Messieurs, que je prononce ici
des paroles de circonstance, ou que je m'abaisse à
de banales flatteries. Les quelques mots que je
vous adresse sortent d'une bouche habituée à dire
ce qui est juste et vrai. Je déteste les flatteurs et
les trompeurs du peuple. Ils le poussent aux fié-
vreuses paresses de la place publique; ils rêvent,
au nom de principes menteurs, des révolutions
sans fin, et ils flétrissent le progrès en le présentant
escorté d'utopies et de ruines. Mais il est bien de
louer ceux qui comptent sur le travail, qui cultivent leur intelligence pour mieux remplir la tâche
que Dieu leur a départie, qui tiennent à honneur
de vivre en honnêtes gens, qui se dévouent aux
soins, à la moralité, au culte de la famille, qui
savent se soumettre aux lois et garder intactes la
paix de l'État et la sécurité de tout le monde. Oui,
Messieurs, il est bien de louer ces hommes de

sens, de résignation et de courage. C'est un devoir,
c'est une satisfaction pour moi, qui obéis ainsi et
à ma propre pensée et au vœu le plus sincère de
l'Empereur.

L'Empereur, Messieurs, environne des plus chaleureuses sympathies l'Association Philotechnique;
il veut le bien-être du peuple de toute la loyauté
de son cœur, et il ratifiera les paroles de son ministre en étendant sur vous le patronage auguste
de ses encouragements et de ses bienfaits. Déjà
l'Impératrice, dont la gracieuse et inépuisable gé-
nérosité secourt et protége toutes les entreprises
utiles à l'humanité, vous a donné son précieux
concours. Continuez donc votre œuvre, Messieurs;
elle est honorable, salutaire, grande, et je vous
remercie de nouveau de m'y avoir associé.

Artisans, ouvriers, enfants, courage et travail!
Croyez à Dieu qui vous récompensera; croyez à la
France qui vous regarde; croyez à l'Empereur qui
vous aime! Voyez combien de mains amies se tendent vers vous! Courage et travail! Il y a dans ce
monde un rayon d'espérance et de bonheur pour
tous!

OUVERTURE

DE LA SESSION DU CONSEIL IMPÉRIAL

DE L'INSTRUCTION PUBLIQUE.

24 juin 1857.

Messieurs,

Avant d'entretenir le Conseil impérial des projets de la session, je veux répondre à l'impression de tous en rendant le plus sincère et le plus éclatant hommage à la mémoire du vénérable collègue que la mort vient d'enlever à nos affections. M. le baron Thenard a fourni l'une de ces laborieuses et nobles carrières dans lesquelles on ne sait ce qu'il faut le plus admirer, des efforts et des succès de l'intelligence, ou de la pratique de toutes les vertus que Dieu a mises au cœur de l'honnête homme.

L'Université, la France, l'Europe, ont proclamé depuis longtemps le nom du savant illustre, et je ne saurais rien dire qui puisse ajouter à la gloire de celui qui en a tant donné à son pays. Bientôt, et de tous côtés, à des regrets universels on mêlera l'éloge des travaux qui ont enrichi la science et l'industrie, et la reconnaissance publique aura, dans ce devoir pieux, les organes les plus accrédités et les plus éminents. Permettez-moi, Mes-

sieurs, de rappeler surtout au Conseil impérial
l'homme si dévoué à l'instruction de la jeunesse,
si heureux de ses progrès, si ferme et si bienveillant pour tous ceux qui se consacraient au labeur
ingrat, mais honorable, du professorat. Dans sa
vieillesse, vigoureuse et respectée, M. Thenard était
comme la chaîne des traditions universitaires, et
il nous dominait tous, autant par sa bonté affectueuse que par son expérience profonde. Esprit
vaste et sûr, cœur excellent, il a partagé sa vie entre
l'étude et les bienfaits. Aussi je ne sais pas de plus
haute, de plus pure et de plus impérissable renommée. Nous lui devons notre tribut, Messieurs,
et j'ai l'honneur de proposer au Conseil impérial
d'exprimer ses plus vifs regrets de la perte du
baron Thenard.

Messieurs, à la fin de votre dernière session, je
m'excusais devant le Conseil impérial d'avoir ajourné
l'examen des questions les plus intéressantes pour
notre instruction publique. J'entendais autour de
moi le bruit du débat, mais je manquais de l'expérience et de l'autorité nécessaires pour bien apprécier la gravité des dissentiments suscités par le
nouveau système d'enseignement. Il eût été témé-
raire d'agir, quand je ne pouvais pas encore juger.
Aujourd'hui, grâce à de laborieuses études qui ne
sont, après tout, que l'accomplissement de mon

devoir, je n'hésite plus à provoquer vos délibéra-
tions, parce que je me sens la force de discuter
les différents problèmes universitaires dont chacun
demande la solution, et de marcher d'un pas ferme,
avec votre bienveillant appui, dans la voie de sages
améliorations.

Ces mots *sages améliorations* définissent nette-
ment la pensée qui a présidé aux mesures dont
vous aurez, Messieurs, à examiner l'opportunité et
la valeur. Lorsque vous avez créé avec mon re-
grettable prédécesseur le nouveau système d'é-
tudes, après les plus mûres réflexions, après les
discussions les plus approfondies, il n'est venu à
l'esprit de personne qu'on devrait, au bout de quelques années, le changer radicalement, soit en res-
taurant le passé, soit en lui substituant une com-
binaison toute nouvelle. Les plus hostiles à ce
système, car ils sont hommes de prudence et de
savoir, n'ont pu alors désirer que l'heure plus ou
moins prochaine de modifications heureuses, laissant subsister l'édifice, mais réglant mieux ses distributions et son usage. Aussi pour moi, Messieurs,
me suis-je confirmé de plus en plus dans cette résolution, que je crois conforme au bon sens, de
respecter les bases fondamentales de notre régime
actuel. C'est avec une juste et forte intelligence des
besoins de la société moderne que vous avez, suivant les inspirations de l'Empereur lui-même,

donné à l'enseignement scientifique une plus large
part dans nos lycées et nos Facultés, et assuré aux
jeunes gens la possibilité de choisir, à une certaine
époque des humanités, la direction qui convient
le mieux à leurs aptitudes et à la carrière pres-
sentie ou choisie déjà par eux. Il serait mal de ré-
pudier à la hâte un principe si judicieux et si utile,
et nous ne devrons l'abandonner un jour, pour
toute autre conception meilleure, que sous la garantie d'expériences complètes et décisives.

Ainsi, quant à présent, porter remède aux abus,
faciliter l'application du système pour les professeurs et les élèves, alléger le fardeau partout où il
est trop pesant, diminuer la prédominance des détails confiés à la mémoire pour augmenter l'exercice
de l'intelligence, tel est le but des améliorations
que j'ai préparées, tout en conservant l'organisation
générale adoptée. J'espère, Messieurs, par ces vues
prudentes et utiles, répondre au vœu du Conseil
impérial et de tous les hommes qui veulent, non
pas détruire, mais perfectionner le régime de l'instruction secondaire.

Il convenait aussi de songer au baccalauréat, qui
est le but des études, à l'agrégation, qui est l'épreuve
du professorat, et à tous les moyens qui devaient
faciliter le recrutement des professeurs et le bon
et loyal examen des élèves aspirant aux grades universitaires.

Enfin, les Facultés de droit, peut-être trop char-
gées de cours pour la licence, mais veuves d'un enseignement obligatoire et complet pour le doctorat,
réclamaient aussi l'attention sérieuse de l'administration.

J'ai essayé, Messieurs, sur ces points si divers et
si importants, de profiter de l'expérience acquise,
et je me suis entouré des conseils les plus impo-
sants. J'aurai l'honneur de vous soumettre plusieurs
projets qui me semblent propres à ranimer les
études, à encourager les professeurs, à stimuler
l'intelligence et le goût de la jeunesse, et à faciliter
l'accès de la rude et noble carrière de l'enseignement à ceux qui s'y consacrent.

Je puis donc dire, Messieurs, que votre session
sera pleine, laborieuse et féconde. Elle aura un vif
intérêt pour les hommes si éminents qui compo-
sent le Conseil et qui, au milieu de leurs dignités
et de leurs travaux, s'honorent encore en s'occupant
activement des progrès de l'instruction publique.
Permettez-moi de vous remercier cordialement, au
nom de l'Empereur, des services que vous avez
rendus et de ceux qu'il attend d'une assemblée si
riche de lumières et de sincère dévouement au
pays.

INAUGURATION

DE LA STATUE DE BICHAT.

16 juillet 1857.

MESSIEURS,

Le Congrès médical avait obéi à une bonne et haute pensée en décernant l'hommage d'une statue à la mémoire de Bichat. Il l'a poursuivie et réalisée avec cette constance qui caractérise les résolutions honorables, et qui ne se laisse distraire ni par le temps ni par les événements. Tel est le privilége de la science glorifiant ceux qui l'ont cultivée, suivant partout l'intelligence et le travail, et n'oubliant jamais leurs œuvres et leur nom. Aussi, Messieurs, je tiens en grand honneur le droit de présider cette solennité qui rassemble autour de la statue de Bichat toutes les célébrités de l'art médical, toutes les notabilités de la science et des lettres, et je suis heureux d'exprimer ainsi l'adhésion empressée du gouvernement de l'Empereur à un acte généreux et national.

Toutefois, Messieurs, ne craignez pas que j'abuse du droit que je viens d'estimer si haut. Je comprends qu'il ne m'appartient pas de faire l'éloge de notre illustre médecin français, et que je dois laisser cette pieuse tâche à ceux de ses confrères qui l'ont tant étudié et tant admiré pour devenir eux-mêmes les princes de la science et la gloire du pays. Seulement, je ne saurais fuir les impressions qui seront celles de toute cette assemblée, et vous me permettrez de les manifester comme elles viennent à mon cœur et à ma raison.

Bichat, si largement doué qu'il fût des plus vastes facultés, a dû ses succès à l'étude la plus opiniâtre, à une foi profonde dans la puissance du travail et à l'alliance des recherches positives de l'observation avec tout ce qui développe l'esprit et le goût. Il me semble qu'en inaugurant la statue de ce physiologiste éminent, de ce hardi et intelligent anatomiste, qui, dans sa part si courte de la vie, a pourtant fondé tant de découvertes et de progrès, il me semble, dis-je, que nous adressons un appel aux espérances et aux efforts de tous ceux qui se destinent à la carrière difficile, mais si utile et si honorée de l'art de guérir. Qu'ils méditent ces grands exemples du passé!

A ceux qui se lasseraient des rudes épreuves du labeur, et qui, s'arrêtant en chemin, douteraient du succès couronnant toujours le dévouement studieux;

A ceux qui croient que la science médicale est tout entière dans le réalisme des observations matérielles, et qu'elle peut se passer, pour être large

et féconde, du secours des études générales et littéraires;

A ceux, enfin, qui manqueraient de confiance
dans les résultats sociaux de la profession la plus
belle parmi les plus enviées, il semble, encore, que
nous pouvons répondre : « Lisez les œuvres de Bi-
« chat et regardez sa statue! Il est mort à l'âge où
« d'autres commencent à peine à vivre, et pourtant,
« avec le courage, le travail, l'amour ardent de la
« science et le goût pur des belles-lettres, il s'est
« fait immortel, et déjà la postérité vient à lui et
« salue ses images. »

Oui, Messieurs, c'est là un magnifique exemple,
une puissante révélation pour tous les jeunes
hommes qui se pressent à vos savantes leçons et
se préparent à l'avenir. C'est ainsi que les morts
glorieux enseignent et encouragent les vivants.

Je m'arrête, Messieurs, car je viens de dire la
grande et consolante pensée qui surgit, pour tous,
de cette solennité. Je laisse maintenant au savoir, à
la renommée, le soin de vous raconter la vie et les
travaux de l'homme dont la renommée et le savoir
sont, pour la France, un noble et impérissable héritage.

DISTRIBUTION DES PRIX

DU CONCOURS GÉNÉRAL.

—

10 août 1857.

MESSIEURS,

La distribution des prix du concours général n'est pas seulement une solennité émouvante pour nos élèves; elle fait naître encore chez tous les hommes jaloux de la grandeur et de la prospérité de leur patrie des impressions profondes et de graves pensées. Autour de nous se pressent nos enfants, venant recevoir les récompenses de l'étude et songeant surtout, comme il convient à leur âge, aux joies du triomphe et à celles du foyer paternel qui les attend; mais, à côté d'eux, je vois toutes les illustrations de la science et des lettres, les plus éminents fonctionnaires, et, enfin, cette couronne si compacte et si radieuse des familles au sein desquelles toutes les forces vives de la Société se développent par l'ordre, le travail, le savoir et la probité. Ne semble-t-il pas qu'il s'agisse, dans ce moment, pour l'État qui dirige l'instruction publique, de proclamer ses principes et ses idées? N'est-ce pas l'heure, pour tous, d'entendre de sincères paroles qui garantissent au pays que rien n'a

2.

dégénéré dans cette Université, toujours si laborieuse et savante, si zélée et si glorieuse des progrès intellectuels et moraux de ses élèves? Je le
crois ainsi, Messieurs, et je ne saurais rencontrer
une occasion meilleure pour dire hautement comment le Gouvernement de l'Empereur apprécie les
bienfaits d'une bonne éducation et les devoirs de
ceux qui la distribuent.

Le corps enseignant a pu, pendant longtemps,
douter de lui-même au milieu des luttes engagées
entre les divers systèmes d'éducation, entre le privilége et la liberté. — Aujourd'hui, il est heureux
de sa sécurité retrouvée. Sans doute il n'y a plus
de monopole, et la faculté d'enseigner est accordée
à tous ceux qui en sont dignes. Mais l'État n'a point
renié la dette publique de l'instruction donnée
par lui-même. Grâces lui soient rendues de ce
qu'en créant la liberté il n'a pas entendu afficher
l'indifférence. Les gouvernements qui agiraient autrement sembleraient regarder comme trop lourd
le soin de préparer la jeunesse aux épreuves
de la vie, renoncer à la direction des croyances
sociales, et, tout en gardant le règlement des
choses matérielles, n'avoir nul souci de la des-
tinée morale des peuples. — Ainsi, en France,
l'État, dans ses établissements, reste l'État enseignant, et l'Université reste debout, certaine de
son avenir.

Mais cette situation a immédiatement imposé des obligations spéciales aux hommes placés dans tous les degrés de la hiérarchie universitaire, et la plus essentielle consiste à bien comprendre et à respecter le lien qui les unit aux institutions actuelles et aux sentiments du Gouvernement impérial. Nous ne répudions en rien, Messieurs, les services et les splendeurs du passé; mais nous avons le droit de vouloir que l'Université nouvelle ait foi dans sa légitimité et sa durée. Elle tient sa mission de l'État, et nous lui demandons avec l'État une alliance cordiale, sérieuse et complète. Là, et non ailleurs, le corps enseignant trouvera sa force, et le plus sûr, comme le plus loyal patronage. L'Administration qui le préside ose espérer que, sous les hautes inspirations de l'Empereur, elle sera assez éclairée et vigoureuse pour mener à bonne fin l'œuvre qui lui est confiée, car, en même temps qu'elle désire, dans l'Université, le maintien de la discipline, du devoir et de la fidélité, elle se sent animée d'une ardente bienveillance pour secourir ceux qui souffrent, encourager ceux qui travaillent, récompenser ceux qui méritent, et grandir dans l'estime du pays l'institution toujours nationale de l'Université française.

Que l'Université nouvelle marche donc résolûment dans les voies de l'État, puisqu'elle vit par sa volonté et sous son abri tutélaire.

Ainsi, qu'à propos de la liberté d'enseignement,
elle n'ait plus souvenance des anciennes querelles,
et qu'elle se félicite sincèrement du droit commun accordé aux familles. Si nous avions encore des regrets ou des rancunes, nous serions en
désaccord avec des engagements solennels et avec
toutes les idées équitables qui ont prévalu. Soyons
dignes et vrais en acceptant sans arrière-pensée le
principe nouveau et en cherchant à mieux faire que
nos rivaux. La société n'a qu'à gagner à cette émulation si bonne pour tous.

Ainsi, encore, réjouissons-nous du progrès des
idées religieuses dans nos lycées et nos collèges,
et de la bienfaisante intervention d'un épiscopat
vénéré. Est-ce qu'il y a pour l'enfance de plus
souhaitables impressions que celles qui la placent
sous la garde de Dieu? Ceux-là mêmes qui les ont
perdues dans le bruit et les passions du monde les
retrouvent à la dernière heure comme la suprême
consolation. La foi vive et pure sauve l'homme des
périls de l'orgueil corrompant sa raison, et l'on ne
saurait trop plier cette raison, aussi fière qu'elle
est imparfaite, à l'aveu de sa faiblesse devant le
Créateur de toutes choses. L'enseignement de l'État
doit être et veut être profondément chrétien, et,
dans cet hommage rendu aux vérités divines, dans
cette satisfaction des consciences, dans ce devoir
pieux rempli envers la jeunesse, il y a l'infaillible

garantie des familles et la base immuable de toute
éducation honnête et sensée.

Ainsi, enfin, que notre enseignement soit attentif
à propager les saines idées sociales. La science
et l'imagination sont bien venues dans cet enseignement, mais elles doivent être gouvernées par
une judicieuse observation des facultés et des besoins de l'enfance. Le talent n'est rien sans la sagesse. L'État, dans ses lycées, n'a pas la prétention de tout apprendre et encore moins de tout
expliquer, et les études classiques seraient perver-
ties, si, poussées à l'exagération, elles détruisaient
les conditions du développement de l'esprit humain en professant follement ce que la maturité
de l'âge et l'expérience de la vie peuvent seules
supporter et connaître. Faites aimer aux enfants
ce qui est juste, vrai et beau, tout en ménageant
ces natures si tendres et si mobiles. Puisez partout
la règle de l'ordre social, l'éloge de la modération, du travail et du devoir, la haine des ruines
faites par les révolutions violentes. Mais, au nom
du bon sens qui doit nous diriger tous, au nom
du droit des pères de famille et du repos du
pays, que nul ne jette nos fils bien aimés, à
peine adolescents, dans l'agitation des systèmes,
et dans la déplorable vanité des jugements témé-
raires!

Est-ce que notre mission, d'ailleurs, ainsi défi-

nie, manque d'ampleur, de difficultés ou d'intérêt? Dans cette société où affluent toutes les nécessités du savoir, c'est à nous qu'il appartient de
former des générations assez robustes pour soutenir le mouvement régulier de la civilisation moderne.

Ici, on demande aux études positives le progrès
du commerce, de l'agriculture, de l'industrie et
des arts. Là, on montre les professions libérales et
la plupart des fonctions publiques avides de toutes
les supériorités de l'esprit. Partout, le monde s'a-
vance appuyé sur le double levier des sciences et
des lettres. Courage donc, et ne désespérons pas,
parce que, dans l'inévitable fluctuation des opinions
jugeant une organisation nouvelle, on aura pu sup-
poser que le niveau de l'instruction, s'élevant trop
d'un côté, s'abaissait trop de l'autre. Les sciences
sollicitaient justement une plus large part, et elle
leur a été donnée; mais les belles-lettres, ces riches et gracieuses institutrices de l'intelligence
humaine, continueront d'ouvrir au cœur et à l'esprit des jeunes gens tous leurs trésors de beau langage, de délicates pensées, de goût et d'érudition.
Non, grâce à Dieu, le monde physique n'a pas tué
le monde intellectuel, et l'harmonie qui les unit
n'est pas rompue. Courage encore, et restons dévoués aux études de cette jeunesse qui sera toujours curieuse des secrets de la science, charmée

par les accents de la poésie, attentive aux leçons
de l'histoire, entraînée par les impressions de l'é-
loquence, et fidèle à tous les sentiments exquis dont
notre âme est l'inépuisable foyer. Rendons ces études attrayantes par la bienveillance et l'éclat de
l'enseignement, par la sage mesure du travail, par
la prudence et la sûreté des doctrines. Faisons,
enfin, que l'instruction publique soit vraiment le
culte de la jeunesse, et gardons ainsi, Messieurs,
tous nos titres à l'affection des élèves, à la reconnaissance des familles, à l'estime et à la justice de
l'État!

Chers élèves,

Les paroles que je viens d'adresser à ceux qui
sont chargés de vous instruire témoignent assez
haut de la vive sollicitude de l'État pour vous.
C'est qu'il comprend que vous êtes l'avenir, et, sans
préjuger ce que Dieu seul voit dans la profondeur
de ses desseins, il doit croire, devant les grandes
choses accomplies par vos pères, que vous êtes des-
tinés vous-mêmes à de grandes œuvres. Aussi,
s'efforce-t-il de féconder dans l'enseignement le
germe de toutes les vertus publiques et privées.
Enfants! soyez, à votre tour, dociles, empressés et
laborieux pour ces études qui assurent à chacun
de vous un rôle honoré dans le monde. Rien ne
peut vous encourager plus à devenir des hommes

instruits et estimables que le spectacle de votre patrie qui vous suit de ses regards et de ses vœux.
Vous savez les derniers soixante ans de son histoire.
Si courte que soit cette période dans le temps, on
croirait, en la contemplant, qu'il s'agit du labeur
de dix siècles. Eh bien, un jour, et de nombreux
témoins vivent encore, la vieille société féodale s'é-
croula pour faire place à celle qui vous protége
aujourd'hui. Mais on ne fonde rien sans une autorité assez forte pour résister aux mauvais instincts,
et, comme toute idée modératrice avait péri dans
ces immenses ruines si rapidement amoncelées, la
France dut se courber sous la tyrannie de la multitude et subir, un moment, toutes les sanglantes
débauches de l'esprit révolutionnaire. Puis, brisée
par tant de douleurs et de sacrifices, elle déses-
pérait d'elle-même, quand la Providence lui sus-
cita un sauveur. Vous savez la grande époque con-
sulaire et impériale, la sagesse de ses lois, la
puissance de son organisation, la gloire de ses
armes, le retentissement de ses triomphes et de ses
malheurs. Celui qu'on appelait « le Géant des ba-
« tailles, » vaincu et proscrit par l'Europe coalisée,
se coucha dans la tombe de l'exil, attendant le réveil de sa race et de son nom. Et la France revint à
ses vieux rois, qui se trouvèrent inhabiles à la direction d'un siècle nouveau. Et elle essaya d'un
autre régime plus libre en apparence, plus voisin

de l'égalité, propice aux talents de la tribune et
de la presse, mais trop égoïste pour songer à la
défense du pouvoir central et aux légitimes besoins du peuple : si bien qu'en quelques heures
ce régime fut emporté par une tempête. On put
craindre, alors, le retour de cruelles agitations ;
mais le nom de l'Empereur, répété par tous les
échos populaires, fit une seconde fois reculer l'a-
narchie. Pourquoi, maintenant, ne vous parlerais-je
pas du présent? La vérité n'est jamais une flatterie ;
et quant à vous, la droiture de vos cœurs, non encore altérée par les intérêts et les préjugés des
partis politiques, ne sait marchander ni l'honneur
d'une nation, ni la reconnaissance due à un souverain. Enfants! vous avez assisté à la régénération de
votre patrie, vous la voyez pleine d'énergie, impri-
mant une magnifique impulsion à tous les éléments de l'activité sociale, domptant les fléaux
sans se détourner de sa route, glorieuse dans la
guerre, modérée et juste dans la paix. Enfants! aimez votre noble et généreux pays! Aimez la France ;
aimez l'Empereur, car c'est lui qui l'a replacée à la
tête des nations! et quand, tout à l'heure, vous re-
cevrez vos couronnes et nos applaudissements, souvenez-vous qu'ils promettent à la France et à l'Empereur des citoyens intelligents, probes, courageux
et dévoués.

INSTALLATION

DU DIRECTEUR ET DES PROFESSEURS

DE L'ÉCOLE NORMALE SUPÉRIEURE.

3 novembre 1857.

MESSIEURS,

L'organisation du personnel de l'École normale vient de recevoir une notable extension.

J'ai placé à votre tête l'un des plus éminents fonctionnaires de l'Université, un membre de l'Académie française, le représentant le plus accrédité des véritables études classiques et des meilleures traditions littéraires. C'est l'expérience et l'autorité.

Vous saluerez, avec bonheur, le retour, parmi vous, de l'excellent humaniste dont la Sorbonne et le lycée Charlemagne suivaient si studieusement les doctes leçons sur la langue et la littérature latines.

Ai-je besoin de dire que vous accueillerez tous avec déférence le nouveau maître de conférences de la langue et de la littérature française, qui, lui aussi, avec une modestie égale à son talent, ne se souvient de l'illustration de l'Académie et de sa renommée dans le monde des lettres, que pour se croire plus obligé à concourir à l'œuvre peu écla-

tante, mais si utile, de l'enseignement normal supérieur?

J'ai pu récompenser le professeur distingué
chargé des conférences de logique et de philosophie en l'appelant, dès l'année dernière, à l'une des
chaires de la Faculté de Paris; et vous aimerez,
Messieurs, à rencontrer dans son successeur toutes
les garanties désirables, la prudence des doctrines,
la précision des idées et l'étendue du savoir.

L'instruction scientifique, si nécessaire au génie
et aux besoins du pays, réclamait aussi toute ma
sollicitude. Nous sommes tous d'accord sur l'indispensable alliance des sciences et des lettres, et les
récentes dispositions réglementaires adoptées par
le Conseil impérial ont eu pour but de la rendre
facile et vraie, et de terminer des querelles dans
lesquelles se consumaient les forces qu'il faut désormais consacrer à la bonne pratique de notre enseignement national. C'est pourquoi j'ai été charmé
de pouvoir appeler au poste d'administrateur de
l'École et de directeur des études scientifiques
l'un des hommes les plus dévoués à la science et
les plus capables d'en propager le goût, les méthodes et les applications.

En faisant ainsi l'éloge mérité des fonctionnaires
que l'organisation nouvelle introduit dans l'École
normale supérieure, ma pensée se reporte heureuse
et confiante sur les services rendus par vous tous,

Messieurs, maîtres éprouvés et laborieux professeurs qui avez soutenu et dirigé cette école, et qui continuerez de la fortifier par vos travaux et votre dévouement. Je suis l'interprète de l'Université en vous adressant ses remercîments pour le passé et ses plus honorables encouragements pour l'avenir.

Je réponds aussi à un sentiment unanime en venant rendre hommage à M. Michelle, votre ancien directeur. Homme aussi instruit que modeste, aussi ferme que bienveillant, tout entier au devoir, il a sagement conduit l'École à travers les circonstances les plus difficiles. Dans les moments de luttes, de préjugés et d'innovations, il faut des esprits modérés, sagaces, respectés, qui sachent ramener les hommes et les choses à la mesure du vrai. M. Michelle n'a point failli à cette tâche si délicate et si ardue : il l'a menée jusqu'au bout de ses forces, jusqu'aux derniers sacrifices de sa santé. Suivons-le dans sa retraite de nos plus vifs regrets et de nos plus sincères affections, et puissent ces témoignages, expression de l'opinion publique, calmer ses souffrances et réjouir son cœur !

Permettez-moi, maintenant, de vous entretenir des motifs de l'organisation nouvelle et du but qu'elle doit atteindre. Depuis quelques années, on a souvent répété que le niveau des études scientifiques et littéraires s'abaissait. Pourquoi ce regret-

table résultat? Parmi les causes bien diverses qui
pourraient l'expliquer, je me contente de signaler
l'empressement fâcheux de beaucoup de jeunes
gens à abandonner les établissements d'instruction
publique, dès la fin des classes élémentaires, pour
se livrer à une préparation factice et hâtive des
épreuves du baccalauréat, et pour aborder ainsi
plus vite les carrières professionnelles. Ceux-là
visent au laissez-passer du diplôme et se soucient
peu de la culture de l'intelligence, sauf à s'en re-
pentir amèrement plus tard. Puis les doutes et les
préventions qui ont accueilli le nouveau système
d'enseignement devaient énerver le professorat lui-
même; car, en général, on pratique faiblement tout
régime contre lequel on a conçu *a priori* des répu-
gnances. On s'empresse d'exagérer ses défauts ou
ses difficultés. Enfin, nous ne sommes pas loin
du temps où l'Université, pourquoi le dissimu-
ler? fatiguée de beaucoup de luttes et d'anxiétés,
avait peut-être senti diminuer son ardeur au travail et sa foi dans l'enseignement. Grâce à Dieu,
Messieurs, les loyales intentions de l'Empereur ont
rassuré tout le monde. La liberté sincèrement accordée à ceux qui veulent en user a été la conséquence de notre respect pour le droit des familles,
mais non la destruction des obligations de l'État
au point de vue de l'instruction publique. La confiance est revenue chez nos professeurs et dans nos

lycées où se presse une nombreuse jeunesse. Il faut donc se mettre à l'œuvre, soit pour remplir dignement nos devoirs, soit pour soutenir honorablement une concurrence à laquelle j'applaudis, parce qu'elle garantit le perfectionnement moral et matériel de l'instruction partout où elle se distribue.

Voilà pourquoi, Messieurs, j'ai dû désirer tout ce qui peut grandir la réputation de l'École normale, assurer sa discipline, augmenter l'étendue et la solidité de ses études, et la placer plus haut encore dans l'attention et l'estime publiques. On ne saurait trop répéter combien il importe à la considération et au repos de la France que ceux qui doivent, un jour, instruire ses enfants, soient parfaitement préparés à cette mission si grave. Or tout dépend des idées, des sentiments et des connaissances que nos aspirants professeurs viennent puiser à l'École normale supérieure. Si cette École conserve et répand le goût des hautes et pures humanités, si elle aime le travail incessant de la science, si elle estime et cultive tout ce qui honore l'esprit humain, sans exciter ni son envie, ni son orgueil, si, enfin, elle sait joindre aux plus larges satisfactions de l'intelligence la sagesse et la modestie du principe chrétien, elle sera, parmi nos institutions, l'une des plus belles et plus fécondes.

Il en sera ainsi, Messieurs, et vous aurez bien mérité de la France et de l'Empereur. Ayez foi dans

l'avenir. Grâce à vos efforts, la carrière de l'enseignement obtiendra les respects qui lui sont dus, et
tous les labeurs utiles à l'État seront connus, ap-
préciés, récompensés. Nous voulons, nous aussi,
comme nos devanciers, la France savante et lettrée,
et Dieu ne nous refusera point notre part de concours et de progrès dans les travaux de l'intelligence humaine : nul n'a le monopole d'un siècle,
et chacun peut l'aider, suivant ses forces, à tracer
son sillon.

Allez donc et travaillez. N'oubliez pas qu'il n'y
a d'utile et vrai savoir que celui qui n'altère ni la
droiture de la conscience, ni la modération de
l'esprit. Faites que la jeunesse qui sortira des mains
de nos professeurs soit prête à toutes les aspirations
du juste et de l'honnête, et à soutenir plutôt
qu'à ébranler une société trop souvent exposée au
péril des agitations. Et, dans cette noble voie de la
science et de la moralité, vous trouverez toujours
et votre propre honneur et la reconnaissance du
pays.

DISTRIBUTION DES PRIX

DES ASSOCIATIONS PHILOTECHNIQUE

ET POLYTECHNIQUE [1].

———

31 janvier 1858.

————

MESSIEURS,

L'année dernière j'étais heureux d'assister à la distribution des prix décernés par l'Association Philotechnique et d'être le témoin des récompenses conquises par les ouvriers s'appliquant aux études intellectuelles. Frappé des résultats de cette association, du dévouement de tous ses membres, du respect et de la reconnaissance de ses élèves, je m'étais promis de faire tous mes efforts pour qu'elle ne restât pas séparée de l'Association Polytechnique, ayant le même but, le même zèle, le même succès et les mêmes droits à l'estime publique. Il me semblait qu'il devait en être de ces deux sociétés comme de deux fleuves s'échappant

———

[1] L'Association Polytechnique a été fondée, en 1830, par d'anciens élèves de l'école polytechnique pour donner aux ouvriers des leçons gratuites sur les connaissances élémentaires et pratiques dans leurs professions. Elle a successivement établi des cours à l'École centrale des arts et manufactures, à la Faculté de médecine, à l'école communale de la rue Jean-Lantier et à Vincennes.

Cette association est présidée par M. Perdonnet, directeur de l'École centrale des arts et manufactures, ancien élève de l'École polytechnique; les vice-présidents sont MM. Varin, Tessereau et Leroyer.

d'une source unique, divisés d'abord, puis se confondant dans des rives communes, afin que leurs eaux plus puissantes deviennent aussi plus fécondes. Ces efforts n'ont pas été infructueux, puisque les deux Associations sont aujourd'hui réunies pour une solennité si favorable à la manifestation des sentiments de leur affection réciproque. J'espère que ce premier acte est le signal d'une prochaine fusion. Plus vous serez unis, Messieurs, plus votre sincère amour de l'humanité portera ses fruits, plus votre action sera bienfaisante et certaine, et plus le vœu du Gouvernement, s'associant à votre œuvre, sera largement réalisé. Au reste, quoi qu'il arrive, réunis ou séparés, continuez à faire le bien. A vous tous, Messieurs, fondateurs, patrons, professeurs des Associations Polytechnique et Philotechnique, à vous tous qui, depuis bientôt trente années, travaillez avec autant de modestie que de ferveur à l'instruction professionnelle des ouvriers, à vous tous qui donnez cet exemple du sacrifice chrétien et de la charité sociale, merci au nom du pays que vous servez si bien, merci au nom des ouvriers qui vous bénissent, merci au nom de l'Empereur qui vous connaît, vous encourage et vous aime.

La pensée qui domine dans cette fête populaire est celle de la solidarité de toutes les classes de la société accomplissant, suivant le vœu de la Providence, le devoir sacré d'une mutuelle assistance.

3.

Les arts, les sciences, l'industrie, le commerce, ne peuvent vivre sans la main robuste et habile de l'ouvrier exécutant ce que d'autres ont conçu. Plus la pensée créatrice pénètre ou s'étend, plus la pratique devient délicate ou difficile ; et, dans les choses utiles, comme dans les choses merveilleuses créées par notre génie national, l'ouvrier et le savant sont inséparables et revendiquent chacun une part qui les honore tous. — Le monde actuel a compris cette solidarité, et il s'est efforcé de la faire bien comprendre, surtout à ceux qui se croyaient ignorés ou dédaignés. Désormais les plus humbles conditions se révèlent par leur valeur morale, et partout où le travail professionnel s'allie à la sagesse de conduite et à l'esprit d'ordre, il trouve, pour perfectionner ses moyens, d'abondantes ressources d'instruction et toutes les sympathies qui l'excitent à l'estime de soi-même.

Dieu a condamné les hommes aux inégalités naturelles et à toutes celles qui dépendent de leurs faiblesses et de leurs fautes. Mais le temps n'est plus des inégalités conventionnelles qui perpétuaient le conquérant et le vaincu sur le sol d'une même patrie. La loi les a effacées, et cette loi d'égalité civile est plus que jamais vivifiée par l'assentiment universel dans la bienfaisance publique et privée. Il suffit de regarder autour de nous et de voir cette ingénieuse et immense organisation de secours religieux, moraux, intellectuels, pécuniaires, professionnels, qui se répandent de tous côtés et vont attester la cordiale alliance désormais conclue entre tous les enfants d'un même pays. Ouvriers! comptez les hommes dévoués qui se pressent à mes côtés, qui prodiguent leur temps, leur peine et toutes les forces de leur âme, à faire de vous des travailleurs instruits, de dignes pères de famille et d'estimables citoyens ; comptez-les avec votre cœur, et dites-moi si la société vous méconnaît ou vous oublie!

Oui, il y a solidarité entre nous, en vertu des lois suprêmes de l'humanité. Elle ressort partout de l'échange nécessaire des services et des œuvres de la charité la plus étendue. Mais ne vous y trompez pas, Messieurs, chacun a sa part de devoirs dans cette alliance fondée sur des principes éternels. Souvent on a essayé de les travestir pour vous jeter dans les sophismes et les égarements. Pour mon compte, je me soucierais peu de vos applaudissements, s'il me fallait les acheter aux dépens du vrai, et je ne sais pas de pire espèce d'hommes que ceux qui flattent les passions du peuple au lieu de s'adresser à ses bons et généreux instincts.

Ainsi, ayez le respect des choses saintes, car le sentiment religieux est le gardien de l'homme depuis son berceau jusqu'à son cercueil. La fraternité chrétienne est la seule vraie. Celle-là, du moins, console et secourt toutes les souffrances ; elle ne provoque et n'irrite personne, et elle ne montre pas un bien-être menteur dans le sang et les larmes d'un pays bouleversé. Gardez la foi de vos pères; il n'y a que les orgueilleux et les méchants qui se révoltent contre Dieu.

Ayez le respect des lois de votre pays, et croyez bien que son repos est le vôtre. Que feriez-vous de l'industrie, des arts, du commerce et de toutes les sources du travail qui constitue votre existence, dans la France tourmentée par les agitations, sans confiance, sans sécurité, sans crédit? Il y a quelque chose qui vaut mieux que la stérile théorie du droit au travail parmi des populations dévastées par le désordre : c'est la prospérité générale, qui fait travailler beaucoup au sein d'une nation sagement gouvernée. La soumission aux lois, le respect de la paix publique, sont la meilleure garantie du bonheur de tous. C'est par là, Messieurs, que vous rendrez fructueuse pour vous et pour vos familles l'instruction que vous cherchez et qui vous est distribuée avec une si louable ardeur.

J'ai dit, Messieurs, ce qui est la vérité. La Société n'est point une marâtre pour ceux qui souffrent. Ses entrailles sont émues et ses mains sont ouvertes pour les malheureux. Elle accepte et pratique franchement l'égalité civile et chrétienne, et elle est heureuse d'aider par l'enseignement quiconque travaille et se conduit bien à prendre, en ce monde, la place toujours réservée à la moralité, à la sagesse et à l'application. Elle a donc le droit de compter sur le bon sens et la gratitude de tous ses membres et de leur imposer le devoir d'agir toujours en citoyens religieux, tranquilles et dévoués.

Je viens ici, Messieurs, par l'ordre exprès de l'Empereur. C'est vous dire assez tout ce que Sa Majesté porte d'affectueux intérêt à votre institution et aux classes laborieuses. — Les faits les plus éclatants racontent à la France cette haute et sincère affection pour le peuple. Partout se sont élevés des hospices, des asiles, des écoles, des associations destinées à le soulager dans ses misères ou à le grandir dans ses efforts. La race impériale n'a point failli à ses nobles traditions. Napoléon Ier entraîna le peuple français sur ses pas pour défendre son droit national nié alors par toutes les monarchies de l'Europe. Il le mit partout, dans les camps, dans les conseils, dans les administrations; il l'aimait, il le voulait grand et honoré. Tous deux, peuple et Empereur, vivaient du même cœur et de la même pensée; et, durant leurs courtes haltes, quand s'endormait le bruit des batailles, ils fondaient ensemble, par les mœurs et les lois, cette France nouvelle qui n'a point d'égale parmi les nations. Aussi, quand l'Empereur, exilé de la patrie, alla mourir sur le rocher de Sainte-Hélène, son nom resta vivant au fond

des âmes, et sa glorieuse image, planant au-dessus
des générations nouvelles, recevait d'elles un culte
de respects inouïs dans l'histoire. Napoléon III, à
son tour, brisant du pied toutes les ambitions vul-
gaires, sauvant la France que l'anarchie voulait
asservir et souiller, est venu donner au peuple l'é-
treinte d'une main puissante et amie. Sacré par le
suffrage universel, il a ramené le pays au sentiment
des grandes choses; il l'a convié à toutes les idées
de justice et de dignité nationale. Dans ses mains,
le drapeau de la France a retrouvé sa vieille gloire,
et le monde étonné a salué chez nos jeunes soldats
la discipline et la bravoure des vieilles phalanges
de la grande armée. Tant de splendeurs et de services, tant de dévouement et d'intelligence, ont
assuré à l'Empereur l'amour du peuple, mais ils
n'ont pu conjurer ces passions sauvages qui, dés-
héritées de toute nationalité comme elles devraient
l'être de tout asile, se ruent sur les princes et les
gouvernements pour assouvir je ne sais quel épou-
vantable besoin de meurtre et de destruction. Dieu
n'a pas donné de nom à ces hontes et à ces délires
de l'esprit humain, et les nations ne les désignent
que par l'horreur qu'ils inspirent. Nos enfants refu-
seront de croire à ces lamentables récits de ma-
chines infernales semant la mort sur tout un peuple
assemblé, afin d'atteindre plus sûrement un noble
et loyal souverain et sa compagne bien-aimée, que

sa grâce, sa confiance et son inépuisable bonté n'ont
pu protéger contre l'implacable haine des régicides.
Mais qu'ils trouvent au moins, dans nos annales,
l'expression de notre universelle indignation. Messieurs, le peuple tout entier s'est levé pour flétrir
les assassins. Il se serait levé tout entier pour écra-
ser leur criminel succès et pour protéger l'Enfant
héritier du plus grand nom populaire des temps
modernes. J'en atteste sa loyauté, son honneur et
son patriotisme, et vous répéterez tous avec moi,
ouvriers et patrons, riches et pauvres, ces paroles
que la France a ratifiées : « Mépris et malédiction à
« ceux qui déshonorent l'humanité ! »

OUVERTURE

DE LA SESSION DU CONSEIL IMPÉRIAL
DE L'INSTRUCTION PUBLIQUE.

23 juin 1858.

MESSIEURS,

Depuis votre dernière session, mon devoir a été de réaliser les améliorations que vous aviez discutées et préparées, et vous n'apprendrez pas sans une vive satisfaction qu'elles ont atteint le but que vous vous proposiez. Elles ont, en effet, ramené vers l'École normale supérieure un plus grand nombre d'aspirants heureux de voir la carrière universitaire plus honorée et le champ des études plus vaste et mieux cultivé. Elles ont rassuré les familles sur la mesure équitable des épreuves du baccalauréat, poussé les élèves des sciences vers le respect des lettres, et habitué les élèves des lettres à apprécier la valeur et l'utilité des enseignements scientifiques. C'est à vos conseils, Messieurs, que je dois le rétablissement de l'agrégation pour les classes de grammaire et toutes les résolutions qui, en allégeant un fardeau parfois trop lourd, ont permis aux maîtres comme aux élèves un labeur plus profitable et plus spontané. C'est grâce à votre sagesse que j'ai pu calmer la vivacité des débats sur notre système d'enseignement, et convier tous les esprits à de légitimes transactions en maintenant fermement les bases fondamentales. Aussi, Messieurs, je n'hésite pas à me féliciter avec vous des résultats obtenus, non pas que je ne sache tout ce qui reste à faire dans l'œuvre incessante du perfectionnement de l'instruction publique, mais parce qu'il faut trouver dans le bien qui s'opère des encouragements pour de nouveaux efforts. J'ajoute que je suis ici bien loin de tout sentiment personnel, car c'est à l'excellente collaboration du Conseil impérial, aux lumières et aux travaux de cette assemblée d'hommes si éminents et si dévoués, que je rends le plus sincère hommage.

Messieurs, la prospérité de nos établissements s'accroît; le zèle des professeurs se relève; le travail des élèves devient plus régulier et plus fécond, et les grands intérêts de l'éducation morale et religieuse marchent d'accord avec ceux de l'instruction scientifique et littéraire. Partout aussi s'établit ou progresse une administration à la fois ferme et paternelle, sachant joindre aux exigences d'une discipline intelligente tous les soins nécessaires au bien-être de nos enfants. Auprès de nous fleurit l'enseignement libre, et il jouit avec sécurité d'une liberté heureusement accordée et loyalement pratiquée.

L'enseignement des Facultés se distingue autant

par la sûreté de ses doctrines que par l'éclat de ses connaissances et de ses talents. Il révèle chaque jour, à côté de nos glorieux vétérans, des hommes appelés à prendre une large place dans le monde des lettres et des sciences.

L'enseignement primaire, si modeste et si utile, a droit à votre attention et à vos éloges. Il s'améliore par l'influence des écoles normales bien dirigées et par l'infatigable dévouement des inspecteurs primaires.

L'Empereur, dont la haute sollicitude veille sur toutes les directions de l'enseignement, veut que le bienfait suive les services. Il m'a donné les moyens, avec le concours du Corps législatif, d'augmenter, à partir du 1er janvier prochain, le traitement de la classe la moins rétribuée des instituteurs suppléants, d'apporter un soulagement notable aux souffrances des inspecteurs primaires, et de reconnaître par une rémunération encore trop faible, mais précieuse pourtant dans les conditions actuelles de la vie, le travail et la dignité du professorat des lycées. Je serai heureux, Messieurs, lorsque les circonstances permettront à Sa Majesté d'accorder, dans les régions les plus élevées de l'enseignement, aux hommes qui font sa force et sa gloire, des ressources plus en rapport avec leurs travaux, leur position sociale et les besoins de l'époque.

Ainsi, Messieurs, l'instruction, en France, ne

fait point défaut à la loi du progrès. Mais il importe
de continuer le bien et d'arriver à tous les perfectionnements que le temps et l'expérience indiquent.
Telle est la tâche si honorable à laquelle se consacre le Conseil impérial, et qui lui vaut la reconnaissance publique. Ses occupations, pendant la
session actuelle, ne manqueront ni d'utilité ni d'ampleur. Faciliter les fortes études de l'École normale
supérieure, régulariser l'accès au baccalauréat, avi-
ser aux véritables intérêts de l'art médical en dé-
terminant la juste part des préparations littéraires
ou scientifiques à imposer à ceux qui veulent le
suivre, régler enfin l'interminable difficulté des
livres scolaires, pourvoir, en outre, à toutes les
questions de détail que la loi soumet à votre examen annuel, c'est encore la matière d'une session
importante et digne du Conseil. Vous serez, Messieurs, comme toujours, par vos avis si fermes et si
éclairés, l'appui le plus solide de l'Administration
universitaire, les tuteurs bienveillants des maîtres
et des élèves, et les interprètes les plus sûrs et les
plus respectés du sentiment des familles. Le pays
vous en remercie.

DISTRIBUTION DES PRIX

DU CONCOURS GÉNÉRAL.

9 août 1858.

MESSIEURS,

L'année dernière, dans cette même solennité si chère aux maîtres, aux élèves et aux familles, j'essayais de rassurer l'Université, en lui montrant la main bienveillante de l'Empereur prête à protéger tout ce que le pays considère comme des institutions favorables au progrès social. Plus fort de mes convictions que de mon expérience, je voulais alors donner au corps enseignant moins des avis que des encouragements. On pouvait, en effet, discerner facilement, malgré des travaux toujours régulièrement accomplis, certaines inquiétudes de l'avenir réservé au régime de l'instruction publique. Peut-être, Messieurs, me fais-je illusion sur des souvenirs qui me sont précieux; mais il me semble que mes paroles, prononcées au nom du plus respecté et du plus loyal souverain du monde, allèrent droit à vos cœurs, et que vous fûtes heureux de le remercier par vos applaudissements de la sécurité rendue à la carrière de l'enseignement.

Depuis ce moment, le temps a marché utilement pour tous. Éclairé par une longue pratique,

fortifié par le concours de tous les hommes éminents qui partagent avec lui le laborieux honneur
de l'administration universitaire, le ministre a pu
dessiner ses pensées et réaliser les mesures qui garantissent au professorat une existence honorable
et certaine, et au pays le bienfait, pour ses enfants,
d'une instruction sage et féconde. Et vous, Messieurs, témoins de cette sollicitude, qui n'a d'autre
mérite que sa sincérité, vous avez compris de plus
en plus que l'heure des défiances était passée. Le
sentiment du devoir, qui n'avait jamais failli, a
doublé son énergie au contact de vos espérances
nouvelles; et, lorsque vous avez entendu les assu-
rances qui, pour la première fois depuis bien des
années, descendaient du haut du trône, vous avez
dit, comme je le disais à cette même place, il y a
douze mois : « Désormais les services et la dignité
« de l'Université impériale sont irrévocablement
« consacrés. »

Messieurs, vous vous souvenez aussi des conditions générales de cette adoption solennelle de
l'État : honorer Dieu, représenter la famille, aimer
la France et l'Empereur, répandre partout ce par-
fum de science, de goût et de sagesse, qui attire
et réjouit l'enfance : tels sont vos devoirs. Il faut
qu'aujourd'hui, comme autrefois, on salue l'Université de ce doux nom de mère excellente, *salve*,

alma mater, et le pays, Messieurs, vous saluera, comme jadis, de ses acclamations, si vous lui rendez fortes et pures les générations qu'il vous a confiées.

Voilà pourquoi l'éducation morale doit présider à tous les développements de l'instruction classique. Dans cette alliance des choses de l'intelligence et du cœur réside la perfection de l'enseignement. Si ancienne que soit cette vérité, il est toujours opportun de la proclamer, même en face des hommes les plus résolus à bien faire. La parole n'est pas stérile alors que, ne songeant point aux nouveautés, elle reproduit modestement les principes essentiels du juste et de l'utile. Ce serait mon excuse, Messieurs, s'il fallait en apporter une quand on parle à l'Université des obligations qu'elle veut soigneusement remplir.

L'éducation dépend surtout de la patience, du dévouement et de la prudence de ceux qui enseignent. Sans la patience, nul ne peut rien d'efficace sur ces frêles et distraites natures de l'enfance, nul ne réussit à rapprocher ou corriger ces inégalités d'organisation qui se révèlent dès le premier âge. Sachons donc tendre la main à ceux qui marchent lentement, tout en calmant la fougue des esprits ardents. Est-ce que l'enfant délaissé ou rebuté n'est pas affaibli dans sa valeur morale, en même temps qu'il est perdu pour la science? Rien n'est plus profitable et plus touchant que cette patience vraiment maternelle qui pousse doucement nos élèves vers le travail, qui enrichit leur âme d'impressions affectueuses, et qui les façonne sans contrainte aux habitudes d'ordre et de discipline, si nécessaires plus tard à la saine entente des devoirs de la vie. Nos tribunaux siégent sous l'image du Dieu crucifié, redoutable symbole d'égalité, de justice et d'expiation. Ne vous semble-t-il pas que notre symbole, à nous, doit être la suave et radieuse figure du Christ appelant à lui les enfants et enseignant à tous la patience et la bonté?

Et que dirai-je du dévouement pour fonder l'éducation! Le dévouement! un vieux mot encore, mais dont le sens est inépuisable. Qui viendra relever jusqu'à la hauteur d'une mission publique le pénible métier de l'enseignement des humanités? Certes, c'est le dévouement à la jeunesse et à ses destinées, car elle sera la société vivante quand nous irons rejoindre nos devanciers dans la poussière du cercueil. Avec ce sentiment si vif et si profond, l'éducation morale sort complète du cœur du professorat, et vient vivifier l'instruction; à chaque pas fait par le jeune homme dans la voie des études, elle lui montre les périls de l'orgueil, les ravages de l'égoïsme, les hontes de l'improbité : c'est bien ainsi, Messieurs, que l'arbre de science devient l'arbre de vie, et que l'enseignement, épuré par

les sacrifices du dévouement, comme un apostolat nouveau, se consacre surtout, en faisant des savants et des lettrés, à former d'honnêtes gens et de
bons citoyens.

Mais, dans cette œuvre si admirable, si propre à
échauffer le zèle, ne faut-il pas se défendre de
l'excès des bonnes intentions? En tout cas, la prudence, aussi, n'est-elle pas bienvenue à déterminer
la véritable mesure de ce que nous appelons l'éducation morale jaillissant de l'étude des sciences et
des lettres? On nous a souvent reproché de pousser
jusqu'aux subtilités de l'abstraction les simples et
belles notions que la conscience humaine livre à
quiconque veut l'interroger sincèrement. On nous
a blâmés d'introduire dans l'histoire les dangers et
les caprices incessants d'une critique trop hardie.
On nous a même soupçonnés, pour l'antiquité
païenne, de je ne sais quelle aveugle prédilection
qui n'aurait ni le bonheur de comprendre le monde
chrétien, ni le bon sens de rendre justice au monde
moderne. Les exagérations mises de côté, tout cela
signifie que les méthodes ont trop souvent cédé
à l'influence des événements, et que chaque époque
laisse volontiers à l'enseignement l'empreinte de ses
habitudes politiques. Mais, grâce au ciel, nous savons aussi que la sagesse consiste à distribuer cet
enseignement suivant les besoins et les facultés de
la jeunesse, et à ne pas la rapprocher imprudem-

ment du libre arbitre et des responsabilités de l'âge mûr. Oui, nous savons jusqu'à quelles limites l'esprit des enfants doit être sollicité pour les méditations philosophiques ou pour les appréciations sociales. Oui, nous estimons l'antiquité ce qu'elle vaut dans le domaine magnifique de l'art et du goût, mais sans oublier qu'elle a succombé sous l'étreinte énervante du matérialisme, pour faire place à la civilisation de l'Évangile et au droit de l'humanité. Oui, l'Université sera fidèle aux inspirations de la sagesse, et, en les joignant aux efforts de la patience, aux élans du dévouement, elle est certaine d'atteindre la juste mesure de l'instruction morale et classique. Courage donc, Messieurs, courage dans cette rude, mais noble carrière, où vous guident le respect de l'enfance, l'amour du bien et le culte des sciences et des lettres! La gratitude des familles vous y attend, et l'État, qui se connaît en bons services, récompensera les vôtres par sa plus haute estime et par ses plus sincères affections.

CHERS ÉLÈVES,

C'est songer à vous, à votre présent et à votre avenir, que d'adresser à l'Université des avis et des encouragements; c'est aussi songer à la France, qui vous aime, car vous êtes ses enfants, et vous deviendrez un jour sa joie et sa force, si vous restez fermes dans les traditions du travail et du devoir.

4.

Pardonnez-moi donc ce discours, qui retarde le moment de vos récompenses, et laissez-moi le continuer encore, pour vous, par quelques paroles qui viennent du cœur. Au sein de vos études, n'effacez jamais ce qui caractérise votre âge, la vivacité de l'imagination, la droiture de l'âme, et toutes ces facultés si pures et si délicates, qui perçoivent avec autant de rapidité que de bonheur les émotions du beau et du vrai. N'essayez pas d'être vieux avant le temps, et de vouloir toucher trop tôt aux préoccupations et aux intérêts de la vie réelle. La fleur hâtive se dessèche et meurt plus vite encore qu'elle ne s'épanouit.

Vivez patiemment de cette calme et riche période d'adolescence, pendant laquelle, loin des agitations ou des erreurs d'un monde tourmenté, les mots les plus généreux de l'humanité gardent la signification que Dieu leur a donnée. Enfants, conservez toujours intacte la vénération des choses divines, puisque l'homme, avec toutes ses vanités, n'est qu'une fragile créature cherchant inutilement le dernier mot de la science dans l'espace qui sépare le berceau de la tombe. Respectez vos familles, en échange des ineffables tendresses dont elles vous environnent. Ainsi vous parlait naguère le digne pontife qui siége à mes côtés, lorsqu'il appelait sur vos têtes les bénédictions du ciel, et que vous, lycées chrétiens, répondiez au prince de l'Église, au serviteur dévoué de l'enfance, par vos reconnaissantes ovations.

Puis laissez-nous le triste souci des luttes et des passions politiques. Pour vous, il suffit que la patrie soit prospère et honorée. Devant son drapeau, vaillamment porté par nos jeunes soldats dans le feu des batailles, tous les peuples s'inclinent, et l'Empereur, héritier du génie de sa race, a rendu au pays les satisfactions, si longtemps attendues, de l'honneur national. Enfants, suivez ce voyage triomphal qui s'accomplit à travers les populations bretonnes. Un long cri d'enthousiasme retentit jusque dans les entrailles de la vieille Armorique, qui tout entière est debout, contemplant le plus étonnant spectacle que l'histoire puisse dérouler aux yeux des nations : la Reine d'Angleterre recevant avec une noble confiance l'hospitalité impériale au milieu des arsenaux et des flottes de Cherbourg; L'Empereur parlant à sa puissante alliée ce langage de modération et de loyauté qui consolide la paix du monde; la France émue et glorieuse; l'Europe attentive et rassurée : voilà de quoi convaincre les plus incrédules que le temps des grandes choses est revenu. Enfants, souvenez-vous de vos pères, qui vous ont raconté les travaux et les merveilles du premier Empire; et que Dieu vous garde pour les hautes destinées de votre patrie et pour la splendeur de l'Empire nouveau!

DISTRIBUTION DES PRIX

DES ASSOCIATIONS PHILOTECHNIQUE

ET POLYTECHNIQUE.

23 janvier 1859.

MESSIEURS,

Je me retrouve au milieu de vous avec une joie
sincère, et je suis heureux de venir ici, au nom de
l'Empereur, présider à la distribution des prix mé-
rités par l'application et la conduite des ouvriers.
Il me semble que nous nous connaissons tous depuis longtemps, car nos mains se sont déjà jointes
dans de cordiales étreintes, car nous avons parlé
ensemble le langage du juste et du vrai, et, con-
fondus dans une même pensée nationale, nous avons
glorifié les progrès de l'industrie, les efforts de la
bienfaisance, le triomphe des idées d'ordre, de religion et de patrie. Laissez-moi donc croire que je
suis le bien-venu dans cette enceinte où se pressent les patrons, les artisans et les ouvriers. J'y
apporte les encouragements du Souverain, et je
voudrais y être comme le témoignage vivant des
sympathies qui unissent toutes les classes de la société. J'y apporte aussi les conseils de l'expérience,
et j'espère que mes paroles, empreintes tout à la
fois de franchise et d'affection, fortifieront vos âmes

dans l'accomplissement, souvent si difficile, de tous
les devoirs sociaux.

Messieurs, il faut, avant tout, payer la dette du
cœur envers les hommes éminents et dévoués qui
vous assurent l'immense bienfait de l'instruction
professionnelle. Comment douter des sentiments
fraternels de ceux qu'on appelle les riches et les
puissants de la terre, quand on assiste à l'émouvant
spectacle qui se déroule à nos yeux? Les voici ceux
que la naissance, la fortune ou l'étude, a placés haut
parmi leurs concitoyens; les voici, obéissant à la
loi de Dieu et aux impulsions de l'humanité, qui
se consacrent sans relâche aux plus chers intérêts
du peuple! Leur bonheur est de soulager ceux qui
souffrent, d'offrir aux faibles et aux ignorants les
ressources de l'enseignement, afin de féconder le
travail par la culture de l'intelligence. Les voici,
mettant leur ambition à bien mériter des classes laborieuses, et semant au milieu d'elles, avec un zèle
infatigable, toutes les notions utiles à leur existence
plus certaine et plus digne! Messieurs, saluons
de nos acclamations ces fondateurs, directeurs et
professeurs des associations réunies; saluons-les,
au nom du pays qu'ils servent si bien, et que notre
reconnaissance, solennellement manifestée, soit la
justification et la récompense de tant de sacrifices
et de dévouement.

Savez-vous, Messieurs, quelle pensée consolante
me semble dominer cette nombreuse assemblée,
où tous les rangs de la société se mêlent pour applaudir à la rémunération des études pratiques et
au succès des ouvriers laborieux? C'est que les
haines et les préjugés politiques sont vaincus, et
que l'antagonisme entre les enfants d'un même
pays, si cruellement exploité par le génie dissolvant
des sectes révolutionnaires, fait place à l'esprit de
concorde et de charité. Il y a des gens qui ne vivent
que pour l'agitation, et dont l'orgueil implacable
ne veut se plier à aucune règle d'autorité. Ceux-là,
prenant le peuple par ses souffrances, l'irritant du
nom de prolétaire, excitent ses passions, attisent
ses colères, et lui dénoncent la société pleine de
misères et d'iniquités. Mais où est donc le secret
de ces novateurs, se disant philanthropes, pour ramener la sécurité, le travail, l'ordre et l'abondance
au milieu des ruines dont ils font la condition de
leurs systèmes? J'entends bien de pompeuses paroles, mais où est le véritable amour du prochain?
Je vois bien d'ambitieuses constitutions qui se van-
tent d'être populaires; mais je cherche vainement
le pain qui se gagne sans labeur, la fortune qui
s'acquiert sans effort, les capitaux qui se produisent
à la volonté des tribuns, l'égalité qui sort des flancs
de l'oppression, et le bonheur de tous qui se développe comme le fruit naturel des discordes ci-

viles. On a le droit, vraiment, d'aimer peu ces théories qui ne comprennent les améliorations qu'au prix des déchirements. Mais, grâce au ciel, la religion, l'humanité, le bon sens, ont d'autres enseignements pour conduire sûrement les nations dans les voies de la justice et de la mutuelle assistance.

Demandez, en effet, à la religion, ce qu'elle prescrit pour corriger les inégalités que le hasard, la force des choses ou nos fautes personnelles perpétuent dans le monde. Est-ce la violence qu'elle prêche? Non, mais elle découvre aux yeux des peuples chrétiens cette divine figure du Christ, souffrant toutes les douleurs en expirant sur la croix, afin d'apprendre aux hommes la sublime vertu de la résignation. Et elle résume son code évangélique dans ces mots qui ont renversé le paganisme et fondé les sociétés modernes : « Aimez-« vous les uns les autres. »

Demandez à l'humanité, ainsi convertie au spiritualisme le plus pur, ce qu'elle doit faire pour le maintien de l'ordre moral et le respect de l'équité naturelle? Elle vous répondra « que le riche aide « le pauvre, que le savant instruise l'ignorant, que « le maître traite bien le serviteur; » mais elle ajoute aussi « que le souvenir du bienfait reste « dans le cœur de l'obligé et que nul ne porte at-« teinte, à peine de sacrilége, aux lois et au repos « de son pays. »

Et, si vous écoutez le bon sens, l'infaillible régu-
lateur des actions humaines, ne vous pousse-t-il
pas vers cette vérité, si souvent éprouvée, que chacun doit courageusement supporter les exigences
de la vie, accomplir sa tâche, et que jamais les
troubles de l'État n'ont procuré au peuple la part
de bien-être et d'assistance qu'il recueille de la sécurité publique?

Tels sont, Messieurs, les sentiments et les idées
qui sont au fond de notre société actuelle, et qui
garantissent plus que jamais l'union de tous les citoyens. Ils président à cette fête, et je ne sais rien
de plus touchant. Ici, la bienfaisance, le dévouement, le désir de toutes les améliorations; là, la
gratitude, l'intelligence du devoir, l'estime du travail et le respect de l'ordre public. Continuez ainsi,
Messieurs, cette œuvre d'humanité et de secours
pour les uns, de reconnaissance et de progrès pour
les autres, car elle est utile à tous et agréable à
Dieu.

Tels sont aussi les sentiments et les idées de
l'Empereur. Chef d'une puissante nation, il a voulu
son unité sociale et politique, et il a rallié, à l'abri
d'un gouvernement généreux, tous les intérêts et
toutes les classes. Qui donc a mieux que lui compris les besoins, les vœux et les instincts du peuple?
Qui, jamais, et avec plus de sollicitude, a multiplié
les institutions de secours pour le malheur de l'in-

digence, les moyens de protection pour la faiblesse, les établissements d'instruction pour l'industrie et les arts? Sans doute, il est fort contre l'anarchie qui ruine les peuples, il garde l'autorité puissante et respectée; mais au profit du travail, de la famille et du pays tout entier. C'est ainsi que se constitue cette grande et légitime démocratie impériale qui gouverne également pour tous. Elle efface les défiances et les rivalités qui, jadis, divisaient la population en castes ennemies. Au dedans, elle asseoit sur de larges bases l'alliance et la sécurité des citoyens; au dehors, elle rend à la France la dignité de son attitude, l'influence de ses conseils et la gloire de ses armes. Messieurs, que la Providence bénisse l'Empereur et veille toujours sur lui !

CRÉATION

—

5 juin 1859.

MESSIEURS,

Je remercie Son Exc. le Nonce apostolique de la santé qu'il vient de porter à l'Empereur, à l'Impératrice et au Prince impérial. La Bretagne est encore émue de ce voyage triomphal qui lui a montré l'Empereur attentif à tous ses vœux, et sachant si bien, dans le calme de la majesté souveraine, protéger tous les sentiments religieux, fortifier toutes les idées d'ordre, et développer tous les nobles instincts de grandeur et de dignité nationale. Elle écoute encore l'écho, à peine affaibli, des acclamations dont elle a salué la piété, les grâces et le dévouement de l'Impératrice Eugénie; et, les yeux fixés sur l'avenir, elle attend du Prince impérial, avec l'aide de Dieu, la continuation glorieuse des traditions napoléoniennes. Aussi, Messieurs, sommes-nous tous heureux, au sein de cette province *éminemment catholique, monarchique et soldat,* d'entendre le nonce du Saint-Père appeler la protection divine sur le Souverain de la France, et sceller ainsi l'alliance si désirable et si féconde entre la religion et l'État, entre le Pape et l'Empereur.

Permettez-moi, Messieurs, de répondre du fond de mon cœur par la santé de notre saint-père le Pape Pie IX.

Qu'il soit béni du Très-Haut, comme le digne et vénéré représentant, sur la terre, de cette religion évangélique à laquelle des destinées éternelles sont promises, qui a été le guide et la force de nos pères, et qui sera le génie et la foi de nos enfants.

Qu'il soit béni pour ses paternelles et libérales intentions en faveur du monde chrétien et pour la confiance qu'il accorde à cette grande et généreuse nation française, qui ne veut partout que la sécurité, la justice et le légitime progrès des peuples.

Le cri de guerre retentit en Italie et il n'a rien, grâce au ciel, qui puisse effrayer le père des fidèles. C'est l'Empereur, en effet, qui tient l'épée de la France; et, dans le feu des combats, au milieu des bataillons ennemis rompus et dispersés, il n'oubliera jamais la modération des pensées, la puissance du droit et le respect des choses saintes. C'est lui qui veille avec une filiale sollicitude sur la ville romaine et sur la chaire de saint Pierre. Et lorsque, comme aujourd'hui, les victoires de Montebello et de Magenta font reverdir sur le front de Napoléon III les lauriers d'Arcole et de Rivoli, lorsque nos héroïques soldats, par leurs triomphes, font tressaillir la cendre des vieilles phalanges impériales, livrons-nous à toutes les joies de la patrie. La France et l'Empereur combattent pour la vraie liberté de l'Italie, et Dieu protége les bonnes causes.

Unissons-nous donc, Messieurs, pour porter respectueusement la santé du Saint-Père. Il vient de consacrer, sur la demande de Sa Majesté, la nouvelle métropole de la Bretagne, et c'est un immense bienfait que vous recevez avec la reconnaissance et l'enthousiasme dont je suis le témoin. Cette création n'est point due aux calculs d'une politique mesquine et personnelle. Il n'y a que les partis définitivement vaincus dans leurs prétentions, mais implacables dans leur orgueil froissé, qui consentent à insulter aux grandes choses par l'invention de misérables prétextes. L'archevêché breton est un hommage rendu par l'Empereur et par le Saint-Père à la religieuse et loyale Bretagne, et le *pallium* qui décore aujourd'hui votre excellent et bien-aimé prélat est la juste récompense d'une carrière épiscopale aussi pure que dévouée à Dieu et au pays.

A notre très-saint-père le Pape Pie IX !

DISTRIBUTION DES PRIX

DU CONCOURS GÉNÉRAL.

8 août 1859.

MESSIEURS,

C'est aujourd'hui la fête de la jeunesse, et nos cœurs s'échauffent au contact des joies si vives et si pures qu'elle exprime. Nous retrouvons, comme hier, le radieux cortége des familles, l'assistance imposante de toutes les illustrations du pays, et nous formons le faisceau des souvenirs et des sympathies de l'âge mûr autour de ces modestes couronnes qui récompensent les premiers efforts de la vie. Doux et émouvant spectacle, qui s'explique non-seulement par la tendresse naturelle envers l'enfance, mais encore par les plus sérieuses considérations de l'humanité. En effet, les générations qui se suivent dans la possession du monde sont rattachées par une loi providentielle aux préoccupations de l'avenir. Les individus veulent transmettre le fruit de leurs travaux et l'éclat de leur nom. Condamnés à mourir, ils revivront dans leurs successeurs. Quant aux peuples, ils ont, avec l'ambition du progrès national, le sentiment indélébile de la tradition et de la perpétuité. Nos enfants sont donc appelés à recueillir l'entier héritage du présent; et voilà pourquoi il y a tant de sollicitude pour l'instruction qui leur est distribuée, et tant d'empressement pour ces solennités universitaires où ils révèlent la mesure de leurs forces intellectuelles.

Dois-je dire que, sous l'influence de pareilles impressions, nos pensées s'élèvent nécessairement à la contemplation des graves intérêts de l'enseignement, et que nulle occasion n'est plus propice pour rechercher si nous les avons compris et gérés conformément au vœu des familles et aux exigences de notre époque? Nul de nous, Messieurs, n'aurait à redouter cet examen; je convie le pays à l'entendre et à porter son jugement.

Après la tempête de 1848, quand le sol se raffermissait sous les pas des amis de l'ordre réunis pour le salut commun, il fallait s'occuper de la grande question de l'Université, qui avait été, sous le gouvernement représentatif, l'objet des plus âpres dissentiments. Le moment arrivait d'assurer, par une transaction, la paix des esprits. Le principe de la liberté d'enseignement fut admis sur de larges bases, même avec le consentement de ceux qui avaient le plus longtemps et le plus énergiquement soutenu le monopole de l'État. Or la conquête de ce principe entraînait une organisation nouvelle de l'instruction publique. Indépendamment des excitations de la concurrence, il était

facile de remarquer dans la société, sauvée du
péril des révolutions par une main puissante, le
développement prodigieux de toutes les forces du
travail et de la science s'appliquant à l'industrie, au
commerce, aux arts et à l'activité matérielle du pays.

L'État, voulant conserver le droit et le devoir
de donner à la jeunesse un enseignement vraiment
national, se trouvait donc obligé, pour obéir aux
plus évidentes nécessités du moment, d'instituer
dans ses établissements un système complet de
programmes scientifiques. Telle fut l'origine des
modifications auxquelles on a imposé le nom de bi-
furcation. Je n'ai point à raconter l'histoire des difficultés que cette innovation a suscitées au milieu
de nous; j'aime mieux dire ce que nous avons fait
pour les résoudre. Elle s'appuyait sur un principe
incontestable, celui de la légitimité de toutes les
études de l'esprit humain en regard de tous les
besoins de la société. Si le monde moral et intellectuel est la source la plus féconde de l'instruction
de la jeunesse, le monde physique, si riche en découvertes précieuses pour toutes les améliorations
matérielles, ne peut être négligé, à peine de para-
lyser la puissance productive de tous les arts professionnels. Les lettres et les sciences sont de création divine, comme l'esprit et la matière; elles sont
tout le domaine de l'homme; elles constituent l'u-
nité de son intelligence, et quiconque tenterait de

nier cet admirable ensemble condamnerait l'humanité au suicide. Que serait l'élément littéraire à la recherche du beau et du vrai dans un monde stérile et désert? Que serait l'élément scientifique enfantant toutes les merveilles de l'industrie dans un monde sans esprit et sans cœur? Nous avons donc résolument maintenu la coexistence, dans nos lycées, des deux branches d'études littéraires et scientifiques, chacune d'elles n'étant ni supérieure ni subordonnée à l'autre. Mais, comme elles se réunissaient parfois dans un enseignement commun, et que cette réunion, accouplant des vocations divergentes, entravait l'élan du professeur et le progrès des élèves, nous avons été droit au nœud du problème. Désormais, dans nos grands établissements, chacun suivra sa voie et trouvera, dans des cours distincts, l'instruction qu'il recherche. A celui-ci, la délicate et exquise nourriture des lettres accompagnées de notions scientifiques; à celui-là, le laborieux et mâle apprentissage des sciences aidées par une culture littéraire suffisante; et chacun chez soi, avec des maîtres distingués, toujours attachés au même groupe d'élèves comme à la même nature d'enseignement. — Ainsi tombera la lutte, parce que la confusion cessera, et les lettres et les sciences, plus librement et plus utilement étudiées, suivant les préférences et le but de nos enfants, scelleront enfin leur véritable union dans leur mutuelle indépendance. Nous sommes heureux, pour proclamer cette union, d'emprunter les termes excellents dont se servait tout à l'heure le docte et élégant orateur de l'Université : *Nostro tempore in gratiam redierunt et restauraverunt conjugium.*

Mais le principe de liberté consacré par la loi de 1850 avait produit d'autres commotions. J'en parle avec franchise, puisque nos querelles ne sont plus que des réminiscences presque effacées. La plupart des hommes honorables dont le système triomphait alors nourrissaient, au milieu de critiques fondées contre l'Université, des griefs qui ressemblaient trop souvent à des préjugés et à des colères. Les réactions commencent toujours par dépasser le but; et, si on accordait assez facilement l'extension demandée pour les sciences, on se montrait très-défiant sur l'étendue et sur la force de l'instruction littéraire. Aussi fallut-il bientôt, et de toutes parts, avouer l'abaissement du niveau des humanités. Telle fut encore la difficulté que l'État vit surgir dans son organisation nouvelle. Comment l'a-t-il vaincue? C'est à vous de répondre, Messieurs, et à rendre témoignage sur les faits accomplis.

Il importait, avant tout, de ranimer la confiance de l'École normale supérieure par un régime plus conforme à sa haute destination. Des hommes éminents se sont honorés en acceptant la direction de

5.

ses travaux, et l'élite de nos savants et de nos humanistes retrouve avec bonheur, dans ses conférences, l'ardeur des bonnes études et la foi de l'enseignement. On se presse aujourd'hui autour de ce foyer, hier encore presque délaissé. C'est que des obstacles trop nombreux ont été supprimés devant les aspirants pour faire place à de justes épreuves, et que la carrière du professorat, carrière de labeur et de sacrifices, n'est plus étouffée entre les lenteurs désespérantes du noviciat et les cruelles insuffisances de l'avenir.

Dans nos lycées, après les hésitations inséparables de tout arrangement nouveau des programmes, voici les traditions classiques qui se reforment. Les maîtres, respirant plus à l'aise dans une atmosphère de bienveillance et d'encouragement, redoublent d'efforts pour perfectionner leurs talents et leurs méthodes; et nos élèves, habilement excités au travail, grandissent dans toutes les voies de l'imagination et du goût. Le temps est passé des funestes prédictions, et les œuvres du concours général que nous allons couronner prouveraient à tous d'irrécusables progrès. Réjouissons-nous, Messieurs, car le soin des fortes humanités, la culture assidue des belles-lettres, sont encore et seront toujours l'honneur de l'Université française.

Mais, tout en élargissant le cercle de l'instruction scientifique, tout en développant la puissance

et l'attrait de l'instruction littéraire, tout en désirant le plein exercice des facultés de la jeunesse,
l'État n'a point oublié ses engagements de prudence
et de mesure. La chaire de nos professeurs n'est
pas une tribune, leurs leçons ne sont pas des systèmes, et quiconque parle à nos enfants sait bien
que les pères de famille l'écoutent et qu'il doit
compte au pays de ce sacerdoce de la parole en-
seignante. L'État n'a pas moins respecté ses convictions et ses promesses sur l'éducation morale
et religieuse, et il se réjouit sincèrement des bienfaits qu'elle a répandus. Partout, dans nos lycées,
les préceptes de la loi divine, librement expliqués,
s'inscrivent au fond des consciences; partout la pratique des devoirs sacrés s'accomplit sans contrainte
et comme une satisfaction du cœur. Et qui pour-
rait mieux le dire, Messieurs, que l'illustre et vénéré cardinal qui apporte à cette fête de l'Université le touchant concours de ses affectueuses
sympathies? Grâces soient rendues à lui, comme
à tous les évêques de l'Empire, qui étendent ainsi,
par leurs visites pastorales dans nos établissements,
la salutaire influence de la religion, et qui ne voient
dans nos élèves que les enfants d'un même Dieu et
d'une même patrie!

Enfin, Messieurs, il y avait encore à acquitter
d'autres obligations solennellement contractées. Il
est bien d'exiger des hommes engagés dans les

fonctions publiques l'exemple du zèle, du courage
et de la dignité; mais on leur doit, en échange, ce
qui est nécessaire à la vie morale et matérielle,
c'est-à-dire l'estime et la rémunération. Ainsi le
veut l'Empereur, si attentif à toutes les souffrances,
si ferme pour tous les droits, si reconnaissant pour
tous les services; et cette volonté est exécutée chaque
jour. Dans tous les rangs de l'Université on peut
maintenant compter sur une existence certaine et
honorée; on peut se confier à la pensée loyale et
amie qui veille sur tous les intérêts du corps enseignant; et l'État, heureux de ces résultats, ne
vous demande, Messieurs, que la continuation de
vos efforts, pour continuer lui-même sa tâche de
protection et de justice.

Voilà ce que nous avons fait ensemble pour notre
instruction publique, et la confiance des familles
nous a récompensés par la plus éclatante approbation. Messieurs, l'Université impériale est floris-
sante, et je vous remercie de sa prospérité.

CHERS ÉLÈVES,

Pour vous l'horizon est encore sans nuages, la
vie n'a point d'amertumes : la Providence sourit
aux enfants. Travaillez donc avec cette précieuse
liberté d'esprit qui est le privilége de votre âge;
travaillez dans ce vaste champ des sciences et des
lettres où vous guident tant d'hommes intelligents

et dévoués. Vos joies, vos chagrins, vos travaux, ne sont pas encore empreints du sceau fatal de l'humanité qui s'agite; et, de cette suave couronne qui ceint le front des adolescents, aucune fleur n'est encore flétrie par les passions du monde. Travaillez donc dans le calme de vos studieuses retraites, et songez à toutes les affections, à toutes les espérances qui vous suivent, et qui tout à l'heure vous applaudiront!

Cependant déjà la société, avec son aspect si séduisant et si mobile, vous apparaît dans le lointain; vous écoutez curieusement ses bruits; elle est le but vague de vos aspirations, parce qu'un secret instinct vous annonce que ses destinées seront les vôtres. Laissez-moi donc, comme organe de la génération qui vous précède et sur laquelle pèse aujourd'hui le fardeau du siècle, laissez-moi vous adresser quelques conseils inspirés par une amitié paternelle.

Dans le cours de vos études, lorsque vous tournez vos regards vers l'avenir qui vous sollicite, n'oubliez jamais ce que les premières révélations de la conscience vous ont enseigné : le respect de Dieu et l'amour de la patrie.

Le respect de Dieu! c'est l'honneur et le salut de l'humanité. Quoi de plus insensé que l'orgueil de la créature finie et mortelle qui refuse de s'incliner devant le Créateur? Dieu a fait la raison de l'homme afin que l'homme pût s'élever jusqu'à la hauteur de la prière et de la moralité. Celui qui préfère la foi de ses aïeux au doute, au sophisme, à la témérité, ne sème point les ruines autour de lui, et il traverse sans trouble les fortunes diverses de la vie. Enfants! soyez forts dès à présent et toujours de ce sentiment divin qui garantit la droiture du cœur; gardez, gardez bien le respect de Dieu. Je vous le dis au nom de la vérité éternelle, au nom du pays qui méprise l'impiété, au nom de vos mères qui ont placé sous la protection du ciel le berceau de leur fils bien-aimé!

L'amour de la patrie, noble et chaleureux sentiment dont le plus magnifique exemple vous est donné dans le spectacle qui se déroule sous vos yeux! Vous avez tressailli au retentissement magique des victoires de Crimée, et vous avez couvert de vos acclamations le retour de notre vaillante armée illustrée par tous les périls d'une guerre lointaine. Demain vous la retrouverez riche d'une gloire nouvelle, et rapportant dans les plis de ses drapeaux mutilés la liberté de l'Italie. Enfants, saluez les soldats de la France; saluez l'Empereur qui les a guidés dans le feu des batailles! L'aigle autrichienne, à Magenta, à Solferino, a vu ses serres brisées comme autrefois devant vos pères, à Marengo et à Wagram. Mais le sang de tant de braves ne devait être versé que pour les plus chers

intérêts du pays. L'Empereur s'est arrêté à l'heure
marquée par sa sagesse; et, après les prodiges d'une
campagne aussi rapide que la foudre, il a rendu à
la nation reconnaissante, avec les splendeurs du
triomphe, le bienfait d'une paix voulue par lui,
conclue par lui, face à face avec le descendant des
Césars germaniques, et sans attendre l'Europe,
trop tardive pour être désintéressée. Enfants, c'est
ainsi que l'héritier du grand homme mort sur le
rocher de Sainte-Hélène a renouvelé avec la France
le pacte des traditions impériales. C'est ainsi que
l'Empereur et l'armée aiment, servent et honorent
la patrie. Un jour viendra où, à votre tour, conduits par le prince qui grandit à côté de vous, vous
aurez à léguer de pareils exemples aux générations
qui vous suivront.

BANQUET

OFFERT PAR LA VILLE DE DIEPPE.

18 septembre 1859.

MESSIEURS,

Je vous remercie du toast porté à l'Empereur. C'est vers l'Empereur, en effet, que doivent se tourner d'abord et les vœux les plus ardents et les sentiments les plus affectueux du pays qu'il gouverne avec tant de sollicitude, de sagesse et d'énergie.

La France, surprise en 1848 par la démagogie et sauvée par Napoléon III; la France presque moralement effacée de la carte de l'Europe, et retrouvant aujourd'hui toutes les prospérités du commerce et de l'industrie, toutes les merveilles de la science et des arts, toutes les gloires du drapeau impérial et tous les respects du monde civilisé; voilà, Messieurs, le résultat de ce système intelligent et fort que j'appelle la démocratie de l'Empire.

Si elle est armée d'une autorité puissante, c'est que, pour agir au lieu de parler, pour faire le bien de tous au lieu de flotter suivant le caprice des individus et des partis, il faut l'unité et la vigueur du Gouvernement, et non pas les chaos des fictions parlementaires.

L'Empereur, éprouvé par le malheur, mûri par l'étude et l'expérience, guidé par les instincts d'une âme généreuse, veut fonder, avec la sécurité publique, et la grandeur du pays et le bien-être de toutes les classes.

Il veut résoudre et il résoudra le difficile problème social du peuple renonçant à ses préjugés et bénissant enfin le cœur qui l'aime et la main qui le protége en le dirigeant.

Grâce au ciel, notre patrie n'a plus de haines qui la divisent, plus d'exilés qui ne puissent rentrer dans son sein, et il n'y a que les aveugles qui s'obstinent à nier sa splendeur.

Elle marche honorée et confiante, à la tête des nations, pour développer partout les idées d'ordre, de justice et de vraie liberté.

Félicitons-nous, Messieurs, de cette magnifique attitude de la France impériale, qui, loin d'effrayer nos voisins, doit garantir la paix du monde.

Ayons foi dans l'avenir; Dieu protége l'Empereur, et, à ses côtés, auprès de cette noble et gracieuse Impératrice qui vient de montrer dans les affaires de l'État tant de dévouement et de fermeté, grandit un Prince bien-aimé qui sera digne de son nom et continuera glorieusement les traditions paternelles.

Qu'il me soit permis maintenant, Messieurs, d'exprimer toute ma gratitude aux membres de la

municipalité, du tribunal et de la chambre de
commerce, et aux autres notables citoyens de
Dieppe qui ont bien voulu m'offrir ce banquet. Ce
n'est pas seulement le ministre de Sa Majesté que
vous avez appelé au milieu de vous, c'est surtout
l'homme que de longues habitudes et d'inaltérables affections ont lié à votre ville et à votre ar-
rondissement.

Messieurs, j'éprouve une grande joie en voyant
réunis autour de moi et mes amis et mes adver-
saires politiques d'autrefois. Cette cordiale union,
sous l'égide d'un Gouvernement national et protecteur, démontre combien l'Empereur a conquis
le dévouement et le respect de tous les hommes
sincèrement attachés au pays. Je me félicite encore de cette bonne alliance pour la prospérité de
la ville de Dieppe, dont le commerce augmente et
est destiné à atteindre de si notables développements sous l'influence de vos communs efforts. Le
Ministre éminent qui dirige le département des
travaux publics sait toute l'importance de Dieppe,
soit au point de vue de la pêche, du commerce et
du transit, soit au point de vue de la marine militaire, qui a tant besoin de ports de refuge sur les
côtes de la Manche.

L'Empereur lui-même, dont l'infatigable attention veille sur tous les intérêts nationaux, connaît
personnellement vos ressources et vos nécessités,

et sa souveraine intervention, promise avec tant
de bienveillance, ne vous fera point défaut. Elle a
déjà commencé son œuvre en contribuant à l'amélioration de votre vaste et belle plage des bains, et
en vous dotant d'allocations annuelles pour vos
travaux maritimes les plus urgents. Certes, l'Empereur ne voudra pas que cette œuvre reste ina-
chevée.

Pour moi, Messieurs, je serai heureux de faire
parvenir jusqu'au pied du Trône l'expression de
vos sentiments de vive et respectueuse reconnaissance, et de vous aider, pour ma modeste part,
dans toutes les affaires de votre cité, lorsque ses
représentants et administrateurs, auxquels nous
rendons tous un juste hommage, voudront bien
réclamer mon concours. Je le donnerai, comme
jadis, avec le plus loyal empressement, et nous
renouvellerons ainsi nos anciennes et affectueuses
relations.

Messieurs, je ne saurais vous dire combien mon
cœur est touché de l'honneur que vous me faites et
de l'amitié que vous me témoignez.

Permettez-moi de résumer toutes mes impressions dans un toast que je portais ici même, il y a
onze ans, au milieu de mes concitoyens :

A la prospérité de la ville de Dieppe!

DISTRIBUTION DES PRIX

DES ASSOCIATIONS PHILOTECHNIQUE

ET POLYTECHNIQUE.

—

22 janvier 1860.

MESSIEURS,

J'aime à me retrouver au milieu de vous, car la solennité qui nous rassemble est féconde en utiles enseignements et en utiles émotions.

Voici dans cette vaste enceinte, trop petite encore pour la foule qui s'y presse, voici tous les représentants de l'ordre et du travail, l'honneur de la classe ouvrière et la preuve vivante des louables instincts qui la dirigent et des efforts qu'elle sait faire pour son instruction professionnelle. Ils viennent recevoir avec un vrai bonheur les prix modestes accordés aux succès de leurs études, et il n'est pas un de nous qui n'applaudisse de toute son âme quand il saura que le temps de ces études est prélevé sur les heures du repos et sans nuire aux soins de la famille. Ils viennent témoigner ainsi du mouvement moral qui s'étend chaque jour au sein des travailleurs plus éclairés sur les véritables conditions de leur bien-être. Ils viennent reconnaître que, dans cette société moderne, libérale et chrétienne, chacun a le droit de grandir suivant ses œuvres, et

qu'il importe plus de perfectionner son intelligence
et ses moyens de travail que de perpétuer, parmi les
enfants d'une même patrie, la guerre désastreuse
des haines et des préjugés. Ils viennent sceller l'alliance si désirée de toutes les forces et de toutes les
volontés sociales s'unissant devant Dieu pour obser-
ver sincèrement la loi du labeur et de l'assistance
mutuelle, grand et émouvant spectacle pour ceux
qui aiment l'humanité et qui s'intéressent aux destinées du pays. Aussi suis-je heureux d'apporter
ici ma part d'encouragements et de sympathies, et
d'obéir à la pensée de l'Empereur, qui veut d'une
si puissante volonté la grandeur et la prospérité de
la France, inséparables du progrès des classes laborieuses.

Ouvriers et artisans! vous cherchez, en gens honnêtes et intelligents, à cultiver vos facultés, à améliorer vos méthodes, et à accroître ainsi les ressources de la vie et vos droits à l'avenir. Courage
donc, dans cette voie si honorable pour vous et si
largement profitable au pays! Courage dans vos
efforts et vos sacrifices! Le prix vous en sera payé
par une condition meilleure, par la reconnaissance de vos familles, par la satisfaction de vous-
mêmes et par l'estime publique. Courage! vous
êtes la vaillante armée de l'industrie; et, dans
notre France, sur cette terre généreuse de justice
et d'égalité, s'il y a dans la giberne de chaque

soldat le bâton de maréchal d'Empire, il y a dans
le sac de chaque ouvrier le brevet de la fortune et
de toutes les illustrations du travail. Les exemples
abondent, ils sont sous vos yeux.

Voici, à mes côtés, les hommes éminents et dévoués à qui vous devez le bienfait de l'instruction.
D'où viennent-ils? La plupart ont votre origine.
Qu'ont-ils faits? Ils ont travaillé. Plus d'un, parmi
eux, a aussi rencontré dans sa marche les privations, les souffrances et presque le désespoir; mais
on se relève vite avec la foi en Dieu et avec l'énergie du cœur. Ils vous enseignent comment, par la
persévérance et l'application, chacun peut creuser
son sillon dans la vie et y recueillir la moisson qu'il
a semée. Ils vous environnent aussi de leurs plus
cordiales affections, et, parvenus au but, ils vous
signalent les embarras de la route et vous tendent
une main amie pour assurer vos pas.

Je vous le disais, l'année dernière, et je vous le
répète aujourd'hui, au nom de la vérité qui dissipe
tant de préjugés, n'est-ce pas là la véritable démocratie qu'on vous présentait jadis sous la forme d'un
règne de violence et de destruction? Dieu a fait le
monde avec ses éternelles misères, avec ses inégalités fatales, afin que l'homme sût bien ici-bas que
son lot était la lutte et non pas le repos. Mais il a
inscrit au fond des âmes les préceptes de l'humanité et l'amour du prochain, et il rappelle à ceux

qui seraient sourds à cette loi divine qu'après tout l'égalité absolue se fait devant la tombe et le jugement suprême. Or est-il une manifestation plus touchante de cet amour du prochain, une application plus noble et plus dévouée des principes de la charité sociale que chez ces fondateurs, professeurs et patrons qui m'entourent? Oui, nous devons les remercier par nos acclamations unanimes de leur œuvre si populaire et de leur modestie autant que de leur zèle. Messieurs, honneur aux Associations Polytechnique et Philotechnique, honneur aux cœurs dévoués, aux généreuses intelligences qui s'y consacrent! La reconnaissance est la vertu des honnêtes gens. Saluez donc ceux qui vous instruisent et qui vous aiment.

Messieurs, depuis trois années j'ai pu vous donner les conseils les plus sincères. Je ne venais pas ici pour flatter le peuple, mais pour le soutenir dans la pratique des idées justes et utiles, et pour lui parler librement autant de ses devoirs que de ses droits. Que pourrais-je donc ajouter aujourd'hui sur l'importance de l'ordre et de l'économie, sur l'obéissance aux lois et la vénération des choses saintes, sur l'alliance indestructible de la paix publique et du développement du travail national, sur l'union de toutes les classes de la société confondues dans un sentiment de mutuelle bienveil-

lance? Vous n'avez rien oublié de ce qu'il faut toujours savoir pour vivre en bons citoyens.

De grands événements se sont accomplis depuis
notre dernière réunion. Une nouvelle gloire rayonne
autour de nos drapeaux, et, sur les champs de bataille de Magenta et de Solférino, nos soldats, l'Empereur à leur tête, ont rappelé les prodiges des
vieilles phalanges impériales. En échange de notre
sang et de nos sacrifices, l'Italie sera française par
la reconnaissance, et elle ne devra à nulle autre nation le prix de sa liberté. C'est ainsi que doit se
terminer la lutte soutenue au delà des monts et
pendant quatre siècles contre l'influence et les armes
de l'Autriche. Je ne vous parlerai pas des compli-
cations créées par la force d'événements imprévus et
qui peuvent contraindre les plus loyales résolutions
à se modifier elles-mêmes. Qu'il me soit permis,
cependant, de dire hautement que, pour résoudre
des difficultés considérables, l'ardeur des passions
ne vaut pas le calme des esprits. La meilleure règle
de conduite est celle du devoir, de la modération
et du bon sens. Que cette règle soit la vôtre, et elle
défendra vos consciences contre tout sentiment
exagéré. Nous ne voulons être nulle part des fau-
teurs d'anarchie et d'impiété; nous avons la crainte
de Dieu et nous gardons la foi de nos pères. Nous
sommes catholiques, et jamais, sous aucun gouvernement, la religion n'a été entourée de plus de

respect et de protection; mais nous sommes aussi les enfants de la France, dévoués à ses intérêts, à sa dignité et à ses lois, et nous resterons profondément confiants dans la sagesse et la loyauté de l'Empereur.

Certes, la confiance est bien due au Prince dont le glorieux passé indique l'avenir. Gardien vigilant des immenses intérêts du pays qu'il gouverne, il vient, tout à l'heure, de convier le commerce, l'agriculture et l'industrie, à un plus large développement de leur puissance et de leur activité. Sans doute le moment n'est pas encore arrivé d'exposer toutes les précautions prises pour préparer la transition à un régime nouveau; mais on peut affirmer que la prévoyance et l'équité ont été égales au désir des innovations utiles. La France en sera bientôt convaincue, et, dès à présent, elle connaît et apprécie le caractère libéral des intentions. Accroître les produits et multiplier les échanges; perfectionner les instruments de travail et les moyens de communication; rendre moins chère la vie des classes laborieuses, tout en donnant aux capitaux plus d'essor; fortifier nos relations internationales par des traités de commerce avantageux; fertiliser le sol et assurer la paix du monde, tel est le programme sorti des plus vastes et des plus fermes méditations.

Messieurs, l'Empereur pense au pauvre comme

au riche, au faible comme au fort; il veut la satisfaction de tous dans la prospérité générale du pays.
Soutenons donc, par notre respectueuse affection,
ces grandes entreprises de bien public qui n'appartiennent qu'au dévouement et au génie.

DISTRIBUTION DES PRIX

DU CONCOURS GÉNÉRAL.

9 août 1860.

MESSIEURS,

Il est tout naturel que, dans cette solennité universitaire, j'entretienne le pays des graves intérêts de l'instruction publique. C'est une bonne fortune que je ne veux pas fuir, dussé-je être accusé de trop peu varier le sujet de ce discours annuel. Ma réponse, au surplus, serait bien simple et satisfaisante, je le crois, pour les esprits sérieux qui aiment à retrouver ici chaque année la méditation des mêmes pensées et le charme des mêmes impressions. Toujours, grâce à Dieu, en face de nous, s'épanouit et tressaille cette joyeuse foule d'enfants d'élite qui sont l'espoir de l'avenir. Toujours, autour d'eux, se pressent les familles, le cœur plein des sollicitudes maternelles. Voici le même concours des vétérans de l'Université, de cette vaillante armée de la science et des lettres, qui sert si bien l'État en combattant pour l'intelligence et le travail. Voici les représentants de la magistrature et de la cité habitués à mêler leurs applaudissements à ceux qui font retentir les voûtes de notre vieille Sorbonne.

Je reconnais et je salue le brave et illustre maréchal[1], fidèle à ses souvenirs de lycée, et aussi exact à
cette fête de l'enfance qu'il le serait sur les champs
de bataille. Et, il y a quelques instants encore, je
gardais l'espérance d'avoir à mes côtés le vénéré
cardinal[2] dont la présence accoutumée est le signe
de la consécration religieuse de nos élèves et le gage
d'une touchante affection, qu'ils lui rendent en
gratitude et en respect. Vous le voyez, Messieurs,
rien ne change dans cette émouvante cérémonie.
Ce ne sont pas les mêmes générations; mais c'est aujourd'hui, comme hier, comme jadis, la jeunesse
avec ses maîtres, ses études et ses récompenses; et
c'est toujours l'âge mûr qui vient lui sourire et l'encourager. Pourquoi donc, au milieu de cette manifestation des joies et des résultats de notre enseignement, refuserais-je de dire et les nécessités qu'il
subit encore et l'honneur qui lui est dû. Non, je ne
déclinerai pas une tâche qui est la mienne pour la
vaine recherche de quelques nouveautés oratoires.
L'Université a bien rempli ses devoirs, et la France
lui doit une large part dans la protection qu'elle
accorde à tout ce qui fait sa puissance et sa gloire.
Voilà ma pensée, Messieurs, et je ne sais pas d'occasion plus opportune pour l'exprimer, ni d'assem-

[1] Son Exc. le maréchal Magnan.
[2] Son Ém. le cardinal-archevêque de Paris, retenu par une indispo-
sition.

blée plus compétente pour en affirmer la convenance et la vérité.

Je crois être un témoin honnête, intelligent et ferme des actes et des intentions de l'Université actuelle. Quand on a l'honneur de la gouverner, on ne l'égare point dans de banales flatteries, mais on l'élève par la grandeur des idées morales et on la soutient par la justice de l'éloge. Eh bien, l'Université, telle que l'a faite la loi de 1850, a loyalement accepté la lutte avec l'enseignement libre constitué surtout par les louables efforts du clergé. Il était bien, sous le régime de la liberté, que le sacerdoce, qui l'avait appelé de tous ses vœux, cherchât à conquérir sa place dans l'éducation des générations nouvelles. Mais il était sage et légitime aussi que l'État, appréciateur vigilant des exigences sociales, conservât le droit d'instruire la jeunesse et n'abandonnât à personne le soin exclusif de la préparer au service et à l'amour de la patrie. Dans cette lutte honorable et avantageuse pour tous, dès qu'elle respectait ses limites légales, l'Université n'a failli à aucune de ses obligations. Malgré les difficultés qui surgissaient d'une organisation trop compliquée, malgré bien des préjugés et des défiances, malgré la pénurie de ses ressources, elle a grandi à force de courage et de bon sens. Elle a compris tout ce qu'il fallait gagner en prudence de doctrines, sans rien affaiblir de l'éclat et de la so-

lidité des études. Elle s'est montrée sincèrement
respecteuse pour l'enseignement religieux, et tous
les évêques visitant nos lycées savent que du cœur
de nos enfants partent des acclamations vraiment
chrétiennes. Elle a fait face aux besoins du temps,
en ouvrant la voie à tous les genres d'instruction
scientifique, à côté de la culture éternellement féconde des belles-lettres. Aujourd'hui, elle travaille,
sans relâche, au perfectionnement de ses méthodes,
à l'amélioration de ses établissements. « Souve-
« nez-vous, dit-elle à ses maîtres et à ses profes-
« seurs, souvenez-vous que vous instruisez des en-
« fants à qui vous devez la mesure la plus délicate
« des sentiments, des paroles et des idées. Les fa-
« milles vous écoutent, et l'État vous juge. » Et,
forte ainsi de sa sagesse, de sa loyauté et de ses lumières, elle accomplit résolument sa laborieuse
mission. Telle est la vérité, Messieurs; mon devoir
est de la connaître, mon bonheur est de la proclamer, et je suis convaincu qu'elle est confirmée par
l'assentiment général du pays.

Mais une grande nation comme la nôtre ne doit
pas s'en tenir à l'équité de ses jugements et à un
intérêt qui serait stérile. Sans doute, elle est entraînée vers de vastes entreprises; elle veut, avec
un irrésistible élan, développer les éléments de son
agriculture, de son commerce et de son industrie.
Rien n'est plus admirable que ce mouvement des

esprits, fécondant tous les germes de prospérité matérielle que Dieu a confiés à l'activité humaine. Mais ce mouvement s'arrêterait bientôt, s'il n'était animé par le souffle créateur de la science : à elle seule appartiennent les secrets et les forces de la nature. Elle n'a pas, du reste, la prétention d'absorber toute la vie sociale, et personne ne consentirait à délaisser le champ magnifique de la littérature et des arts. La France tient à garder radieuse sa double couronne. N'est-ce pas ainsi, Messieurs, qu'elle doit sa reconnaissance et ses bienfaits à cette noble institution de l'enseignement national, qui est la source première de tous les progrès? C'est donc, j'ose le dire, à l'opinion publique à seconder énergiquement toutes les mesures que la haute bienveillance de l'Empereur a déjà adoptées et qu'elle médite encore, soit pour accroître l'ardeur des recherches, l'étendue et la variété des études, soit pour rendre meilleur le sort des hommes voués à l'instruction publique.

Que l'humble instituteur, dans son village, trouve toujours une existence assurée! Que le professeur éminent, dans les régions les plus élevées de l'Université, ne soit plus réduit au cumul des chaires et aux souffrances de la fatigue pour obtenir de l'État une rémunération digne de sa position et de son talent! Que, dans l'instruction secondaire, nos maîtres, soumis à tant d'épreuves, astreints à de si

sévères obligations, courbés chaque jour, si je puis
parler ainsi, sur un labeur de détails et de patience,
puissent recueillir en considération et en bien-être
ce qu'ils donnent en travail et en dévouement!
Que, partout enfin où il y a des gens qui usent leur
vie dans le rude apostolat de la science et de l'é-
tude, le pays se lève autour d'eux avec d'universelles
sympathies! Combien de choses grandes et utiles
l'Empereur voudrait achever ou entreprendre pour
le succès de l'enseignement et pour le progrès des
sciences et des lettres! Presque partout les chaires
de nos Facultés sont incomplètes et les instruments
de travail sont absents. Quand nos lycées s'agran-
dissent et accumulent dans leurs enceintes tout ce
qui fortifie la santé et l'esprit des élèves, ne serait-
il pas temps de voir sortir enfin de ses fondations
le monument si désiré de la Sorbonne nouvelle?
Bientôt la Bibliothèque impériale aura son palais;
mais, si la munificence de l'État n'assure pas libéralement la conservation et l'accroissement de collections qui sont encore les plus riches du monde,
nous serons vaincus par l'étranger. Et le Muséum
d'histoire naturelle? Il étouffe dans ses galeries
étroites, dans ses serres exiguës, dans ses laboratoires
délabrés; il appelle, lui aussi, la lumière, l'espace
et presque la splendeur de nouveaux édifices, afin
d'exposer aux regards tous les trésors qu'il gémit
de garder entassés ou enfouis.

Et ce n'est pas là, Messieurs, toute la tâche réservée au génie protecteur de la France. On parle
volontiers, en termes pompeux, des droits de l'esprit humain, des conquêtes qu'il a faites, des
efforts auxquels il se consacre pour pousser en
avant la civilisation moderne. On admire les divins
accords du poëte et les brillantes révélations de
l'historien, les enchantements du théâtre et les prodiges de la science et de l'art. On veut et les pures
distractions de l'âme et les satisfactions de la vie
matérielle. C'est bien. Mais sait-on ce que coû-
tent au poëte, à l'historien, à l'homme de lettres,
au savant, les jouissances dont le monde s'enivre et
les découvertes dont il s'enrichit? Sait-on ce qu'il
leur a fallu d'énergie et de sacrifices pour creuser
le sillon d'où sort quelquefois la renommée, mais
où gît souvent la misère? La France est une nation
généreuse : qu'elle agisse donc suivant la noblesse
du cœur! Qu'elle réclame elle-même, au profit de
l'enseignement, de la littérature, de la science et
des arts, des dotations suffisantes pour que l'État
puisse, de la base au sommet de la pyramide autour
de laquelle s'agitent les travailleurs de l'intelligence,
diriger et soutenir ceux qui cherchent, qui luttent,
qui s'épuisent et qui souffrent. Oui, tel est, à
mon sens, le rôle de la nation bien inspirée et celui
de tous les hommes placés assez haut pour éclairer
l'opinion; ils s'associeront ainsi à la volonté et aux

projets du Souverain, qui connaît si bien le prix de l'étude et qui sème tant de bienfaits autour de lui.

Quant à nous, Messieurs, disciples fidèles et loyaux serviteurs de l'Université, très-reconnaissants de l'estime que le pays lui accorde, n'hésitons pas néanmoins à réclamer de son équité les encouragements réels qui constituent la sécurité et la vigueur des institutions publiques. Quel que soit, d'ailleurs, le sort de nos vœux, l'Université, confiante dans l'Empereur, studieuse, persévérante et dévouée, continuera sa carrière de patriotique sollicitude envers les enfants et les familles. C'est là qu'elle place son honneur, et elle saura le maintenir à la hauteur de ses sentiments et de ses devoirs.

CHERS ÉLÈVES,

L'attention que la société manifeste si vivement pour le monde intellectuel vous indique assez l'intérêt qu'elle porte à vos succès. Aujourd'hui nous sommes la nation; demain, nous vous laisserons cet héritage comme nos pères nous l'ont transmis. Ils n'avaient guère connu le repos; nous les imitons en vous frayant la voie du travail et du progrès, jusqu'au terme où la Providence, remplaçant notre génération par la vôtre, vous chargera du fardeau de l'avenir.

Travaillez afin d'être prêts pour l'heure qui vous est assignée.

Vous vivez, enfants, dans la contemplation des œuvres de l'antiquité. Elles présentent tout ce qui peut élever l'âme, exciter l'imagination, former le goût et préparer l'expérience. Mais il est essentiel de les bien comprendre par l'histoire même des peuples qui les ont produites.

Avez-vous remarqué comment les peuples primitifs, après une époque de faciles conquêtes, se sont endormis dans l'immobilité de leur régime politique et social? Ils sont tombés, sous le poids de leur propre inertie, au pied de leurs massifs monuments chargés d'attester la patience bien plus que le génie de la multitude; chez eux, les conceptions de l'esprit ont peur d'elles-mêmes; elles parlent une langue sacrée, inconnue au vulgaire, et elles ne se produisent au dehors que pour rester à l'état d'énigmes gravées sur la pierre des tombeaux. Puis viennent les Grecs et les Romains, appuyés sur de mâles vertus, qui fondent une civilisation imposante. C'est que l'intelligence humaine a été rendue à ses instincts d'activité. La vie publique enfante la patrie : la patrie crée le sentiment national : du sentiment national jaillissent tous les genres d'héroïsme, et l'empire romain est constitué. Dès ce moment, il faut au peuple-roi, qu'il habite Athènes ou Rome, toutes les merveilles du génie des arts et des lettres.

Cependant, en observant de près cette civilisa-

tion ancienne et les chefs-d'œuvre qu'elle nous a
laissés, on s'aperçoit qu'elle a surtout recherché
l'excellence de la forme et qu'elle a trop souvent
négligé l'idée. Rien de plus pur, de plus correct,
de plus parfait, n'a été créé depuis ses poëtes et ses
artistes ; mais n'est-ce pas le type des perfections
humaines, sans nulle aspiration vers les perfections
infinies ? Quant à sa politique, on y sent je ne
sais quel mépris du droit des nations qui dérive de
l'ignorance complète du droit de l'humanité dans
les individus ; aussi, cette civilisation orgueilleuse,
matérialiste, a succombé sous l'abus de la force,
l'excès des conquêtes et surtout sous les misères de
l'esclavage. Il était réservé au christianisme d'ouvrir d'autres aspects au monde moral et de susciter
une société nouvelle par la révélation de l'unité et
de la bonté du vrai Dieu, et par la loi de charité
entre tous les hommes, qui les a conduits plus tard
à l'égalité civile. Ne séparez donc jamais, chers
élèves, des études si nécessaires et si belles de l'antiquité, l'examen sérieux des productions et des
idées du monde moderne. Admirez Homère, Vir-
gile et Tacite, mais n'oubliez pas que la poésie n'a
jamais murmuré de plus beaux vers que ceux de
Racine, et que jamais la pensée humaine n'a été
plus éloquente et plus profonde que dans Pascal
et Bossuet.

Ces noms illustres appartiennent à la France ; tra-

vaillez et préparez-vous à soutenir dignement ses
glorieuses destinées. Je sais bien qu'il y a des esprits
chagrins qui se plaisent à en douter. Mais pour
vous, enfants, le rayon du soleil qui luit n'éclaire
que le meilleur côté de la vie, et, grâce au ciel,
vous ne connaissez pas encore l'injustice des partis.
Vous êtes dans le vrai en écoutant simplement les
impulsions de votre âme. Regardez donc autour de
vous et dites ce que ce spectacle vous inspire.
Cette France, cette patrie bien-aimée, guidée par
une main habile et puissante, s'avance vers toutes
les conquêtes pacifiques. Elle préside aux conseils de l'Europe; sa voix respectée domine au loin
et porte partout des paroles de sagesse et de con-
ciliation. Elle sait, par son influence, par sa fermeté, et au nom de sa dignité si longtemps ou-
tragée, effacer l'humiliation de certains souvenirs
et briser les liens qui la tenaient captive et amoin-
drie. Elle recule ses frontières, et reprend dans
son sein les populations françaises qu'on lui avait
arrachées comme une rançon de ses défaites.
C'est son épée qui, seule, protége le Saint-Père au
Vatican ; sur les rivages lointains de la Chine, sur
les plages ravagées de la Syrie, aux deux extrémités
de l'Orient, c'est encore cette épée qui fera reculer
la barbarie asiatique, et aidera le Sultan à venger
les familles chrétiennes égorgées. Que veut-on de
plus pour reconnaître les signes de la force et

de la grandeur? L'Université se réjouit de voir à mes côtés l'un de ses anciens élèves, parvenu, par son mérite et ses services, au poste le plus éminent d'où l'on puisse embrasser et juger la politique d'un pays [1]. Demandez-lui, enfants, demandez à tous ceux qui ne sacrifient pas l'honneur national à des regrets impuissants, ce qu'ils ressentent en contemplant l'attitude de la France et de son Souverain. Tous répondront par les mémorables paroles que nos soldats applaudissaient hier au camp de Châlons : « Partout aujourd'hui où l'on voit « passer le drapeau de la France, les nations savent « qu'il y a une grande cause qui le précède, un « grand peuple qui le suit. »

[1] Son Exc. M. Thouvenel, ministre des affaires étrangères.

DISTRIBUTION DES PRIX

DES ASSOCIATIONS PHILOTECHNIQUE

ET POLYTECHNIQUE.

---

13 janvier 1861.

MESSIEURS,

Je suis heureux de vous apporter le témoignage de l'ardente sollicitude qui, du haut du trône, veille sur tout ce qui peut élever les classes laborieuses au niveau de leurs droits et de leurs devoirs. Ai-je besoin d'ajouter que je reviens au milieu de vous avec le bonheur qu'on éprouve à retrouver des cœurs amis, dévoués à une œuvre excellente? Nous nous connaissons depuis plusieurs années; nos sentiments s'échangent suivant toute la liberté que donne l'amour du bien, et nos volontés sont unies par un but commun de justice, d'humanité et de progrès. Que mes premières paroles soient donc comme un salut affectueux adressé à une grande famille dont les membres se réunissent à un jour fixé pour joindre leurs mains et leurs vœux! Qu'elles soient aussi consacrées à payer votre dette de reconnaissance envers ceux qui vous ont ouvert les sources de l'intelligence et du travail! Félicitons chaleureusement les hommes qui, obéissant au précepte divin, se sont servis de

7

tous leurs avantages sociaux pour améliorer la condition des plus humbles et des plus faibles, et
pour établir ainsi la véritable égalité. Savants illustres, dignitaires de l'État, glorieux soldats, professeurs renommés, industriels riches de succès et de
probité, tous se sont souvenus de leur point de
départ et de ce qu'ils doivent à l'étude, et ils ont
fondé, à force de persévérance et de sacrifices, ces
Associations Polytechnique et Philotechnique où
nos populations rencontrent aujourd'hui, avec les
plus honorables sympathies, le précieux avantage
d'un large enseignement professionnel. Chaque année, dans cette enceinte, je les remercie, au nom
de l'Empereur, si attentif à tous les services rendus,
et je ne sais rien de plus touchant que cette solennelle manifestation de gratitude. L'heure est
revenue de cette manifestation si populaire. Ouvriers, apprentis, artisans, voici à mes côtés les
hommes qui sont vos guides, vos instituteurs et
vos amis; si vos âmes savent garder le souvenir d'un
bienfait, levez-vous et couvrez-les de vos cordiales
acclamations!

Messieurs, nous avons sous les yeux un spectacle digne du plus vif intérêt, car il est le reflet
exact des aspirations du pays. Jadis les divers éléments sociaux vivaient superposés, mais sans nulle
cohésion, et, quand le monde voulait se mouvoir,
il se heurtait à des antagonismes effrayants. Voilà

comment s'expliquent et la violence des révolutions, et l'avortement de tant d'essais de réforme,
aboutissant à des réactions et à des ruines. Aujourd'hui, grâce à l'expérience chèrement acquise,
grâce surtout aux conquêtes civiles et politiques,
qui ne sont elles-mêmes que la conséquence du
progrès moral et intellectuel, les castes ont disparu,
les préjugés se sont affaiblis, les haines se sont effacées, et la société tout entière, du sommet à la
base, reconnaît une patrie commune dans laquelle
la loi suprême est l'égalité des citoyens, le respect
de la paix publique et l'assistance à ceux qui souffrent. Il importe peu, d'ailleurs, qu'on aperçoive à
la surface comme les débris du passé cherchant à
se rejoindre et à protester contre les tendances
nouvelles. Le siècle qui s'écoule a bien autre chose
à faire qu'à considérer les partis politiques, respectables, il est vrai, dans le culte de leurs vieux souvenirs, mais impuissants à lutter contre le vaste
mouvement qui s'opère depuis le réveil de 1789.
Il faut suivre et les volontés de Dieu et les destinées de l'humanité. Ce qui préoccupe la France,
sous la puissante main qui la gouverne, c'est l'accroissement de ses relations extérieures, de ses
forces industrielles, de la production agricole et
de tous les éléments de travail et de richesse que
la Providence lui a prodigués. Ce qui la préoccupe
plus encore, c'est le souci de sa grandeur morale

et de la justice distributive parmi tous ses enfants. C'est pourquoi elle multiplie sans relâche les moyens d'instruction réclamés par les classes laborieuses, afin de perfectionner le fruit de leurs travaux par l'extension de leurs connaissances. Elle sème partout, en même temps, les institutions de bienfaisance qui réparent les torts de l'indigence, de la faiblesse et du malheur. Telle est la vraie démocratie, conciliant toutes les classes de la société par le sentiment de leurs devoirs, soumettant tous les hommes au respect des lois et des intérêts de leur patrie, et poussant le monde, sous la garantie d'une autorité forte et tutélaire, dans les voies infinies de la charité, de la science et du progrès.

Et n'est-ce pas, Messieurs, que nous retrouvons ici l'image de cette société nouvelle dont je viens d'esquisser l'histoire? Quelles que soient les différences d'origine, de condition, de but, qui tiennent autant aux hasards de la vie qu'aux responsabilités individuelles, nous venons tous, mus par les inspirations de la conscience, aider ceux qui travaillent, et servir ainsi le pays. Nous ne sommes ni des patriciens ni des prolétaires; mais, citoyens d'une même nation, enfants d'un même Dieu, serviteurs d'une même loi, nous venons pratiquer la grande maxime chrétienne : *Secourez-vous les uns les autres.*

Et vous qui, du matin au soir, demandez au la-

beur l'existence de vos familles; vous qui êtes les
bras intelligents de l'industrie; vous qui, répandus
dans d'innombrables ateliers, fabriquez tout ce que
les arts de la paix et de la guerre produisent d'utile
et de merveilleux, ne vous sentez-vous pas émus
de l'assistance fraternelle qui vous est offerte?
N'êtes-vous pas heureux de l'empressement qui se
fait autour de vous pour initier vos esprits aux secrets du savoir et du goût? Certes, vos forces dou-
blent avec l'instruction, et votre raison, habituée
à la réflexion et à l'étude, sait mieux discerner le
bien et le mal et se diriger à travers toutes les difficultés de l'existence humaine. Persévérons tous
ensemble dans l'œuvre d'amélioration où chacun de
nous accomplit sa tâche. Lorsque l'amour du prochain guide les uns et que la reconnaissance soutient les autres, tout le monde a fait son devoir,
et l'État, désormais à l'abri du ravage des discordes civiles, grandit en puissance et s'avance librement vers l'avenir.

Ainsi marche la France, Messieurs, appuyée sur
tous ses enfants, et confiante, pour le soin de son
honneur et de sa prospérité, dans le souverain
qu'elle a choisi. L'Empereur s'est fait l'homme de
son temps, le vrai représentant de son époque et
la plus complète intelligence des nécessités de son
pays. Aussi faut-il le remercier de sa volonté si
persévérante pour activer le développement de nos

ressources et de nos échanges, pour fonder de plus
en plus l'unité nationale, pour faire pénétrer partout le courage des entreprises et le dévouement
de la bienfaisance. Sans doute, lorsqu'il s'est agi
de l'honneur de la France, il a ranimé les traditions de sa race, et l'Europe a reconnu les vieilles
phalanges impériales dans nos soldats de Crimée
et d'Italie. Mais la paix est d'un prix inestimable
pour tous les peuples, et les plus loyaux efforts
seront toujours au service de la noble mission d'assurer le repos du monde. La religion conserve au
milieu de nous la protection et les respects qui lui
sont dus. Nous n'oublierons jamais que la charité,
la patience, la modération, la justice, toutes ces
vertus qui rayonnent dans la société chrétienne,
ont été révélées et glorifiées par l'Homme-Dieu né
dans une crèche et mort sur une croix. Oui, nous
gardons fidèlement la foi catholique de nos pères,
et la France qui, seule, veille à Rome pour la sécurité du Saint-Père, qui ne recule devant aucun
sacrifice pour arracher le Liban aux sanglantes
étreintes du fanatisme druse, la France qui pro-
digue ses trésors, ses vaisseaux et ses armées, pour
faire pénétrer en Chine la civilisation de l'Évangile,
la France, calme et sincère, laisse passer les agitations, et croit fermement remplir tous les devoirs
d'une grande et religieuse nation.

Soyons donc, Messieurs, pleins de confiance,

et que rien ne trouble les joies si pures de notre réunion. Bientôt je distribuerai aux ouvriers les plus méritants pour leur conduite et leur application les récompenses qu'ils ont gagnées. Je leur dis à l'avance ces paroles qui sont l'expression de mon cœur : « Courage, amis, courage dans le rude « sentier des professions manuelles : vous n'y êtes « pas isolés : le pays vous regarde et vous assiste ! « courage ! Dieu est pour ceux qui travaillent et qui « s'instruisent. »

DISTRIBUTION DES PRIX

DU CONCOURS GÉNÉRAL.

12 août 1861.

MESSIEURS,

Interprète de nos constantes traditions et des sentiments de gratitude de l'Université, je voudrais d'abord remercier l'illustre assemblée qui se presse autour des lauréats et des couronnes du concours général. A Dieu ne plaise que je songe à me défendre de cet exorde accoutumé! La recherche d'une forme nouvelle ne vaudra jamais la franche manifestation des pensées et des émotions qui se reproduisent, sous les voûtes de notre antique Sorbonne, au milieu de notre jeunesse d'élite, et en présence des hommes qui sont la gloire de la France littéraire et savante. Laissez-moi donc, comme toujours, saluer par le cœur et par la parole les hôtes de l'Université, fidèles au rendez-vous qu'elle leur donne ici chaque année. Laissez-moi redire combien nous sommes touchés de leurs sympathies, qui viennent, comme un sourire paternel, encourager le travail de nos enfants. Honneur à vous, Messieurs, qui, du haut des plus grandes dignités de l'Église, de l'armée, de la magistrature et de l'administration, savez estimer la car-

rière pénible de ceux qui enseignent, et apprécier
le bienfait des générations nouvelles sagement préparées aux nécessités de l'avenir. Au nom de l'État,
que vous servez si bien, au nom des familles, dont
vous augmentez le bonheur, au nom des maîtres
reconnaissants, au nom de nos élèves, si prompts
à toutes les impressions généreuses, je vous rends
grâce de l'honneur que vous faites à l'Université,
et j'affirme, avec le pays tout entier, qu'elle le mérite par ses services et par son dévouement.

Aussi s'opère-t-il maintenant un notable mouvement autour des questions et des intérêts de l'instruction publique. On reconnaît enfin que, si une
nation veut se montrer intelligente et forte, elle a
mieux à faire que de distribuer de maigres aumônes
ou de stériles éloges à l'enseignement des sciences
et des lettres. Pour être digne d'elle-même, elle
doit alimenter libéralement le foyer des études.
N'est-ce pas là, en effet, le point de départ de la
renommée et du génie des peuples? Partout où
languissent les écoles sous le poids de la négli-
gence ou de la peur, partout où l'enfance est ou-
bliée, partout où l'exercice de l'intelligence n'est
pas secouru, honoré, fécondé par les institutions,
les citoyens qu'on n'a point élevés pour les luttes
de la civilisation trébuchent ou s'arrêtent impuissants dans les voies qu'elle ouvre à l'activité humaine. La France, avec ses nobles instincts, ne

pouvait échapper à cette loi du progrès social, et,
grâce au ciel, elle entend mener de front et la culture de l'esprit et le soin des intérêts matériels.
M. le Ministre d'État, décernant les récompenses
aux beaux-arts, disait récemment avec un juste orgueil : « La France est aujourd'hui la nation qui
« enseigne et qui donne aux autres la théorie avec
« l'exemple. » Il ajoutait, comme le plus légitime
hommage rendu à l'Empereur : « Que jamais la
« couronne n'avait mieux compris la protection
« des arts et ne l'avait pratiquée avec une plus
« affectueuse sympathie. » Nous aussi, Messieurs,
dans la sphère plus modeste de notre instruction
classique, nous devons remercier le Souverain de
sa persévérante volonté, qui nous donne le pouvoir
d'entreprendre et de continuer toutes les améliorations désirées. L'opinion, si longtemps distraite,
revient enfin sérieuse et favorable sur la question
fondamentale de l'État enseignant, et elle sonde,
non sans quelque regret de son indifférence passée,
les sources infinies de puissance morale qui jaillissent, pour les nations, de l'éducation publique et
du mouvement intellectuel.

Au Sénat, au Corps législatif, dans les Conseils
de la Couronne, ni les paroles bienveillantes, ni
les mesures réparatrices n'ont manqué à la vieille et
bonne cause de l'Université. Ainsi, nous n'aurons
plus à rougir devant l'Europe, plus libérale que

nous, de la situation faite aux savants professeurs
du Muséum, de la Sorbonne et du Collége de
France. L'École normale supérieure, cette précieuse pépinière du professorat, sera bientôt assez
largement dotée pour offrir une carrière honorable
et sûre à ses maîtres éminents, obligés aujourd'hui
de chercher ailleurs le complément des ressources
nécessaires à la vie. Nos lycées sont florissants
et par le nombre des élèves et par la valeur des
études : les départements, privés de ces établissements, les réclament instamment et s'empressent
de voter les sommes nécessaires à leur fondation.
Le Gouvernement s'associe de tout son pouvoir à
cette impulsion générale. Il contribue aux dépenses,
il provoque les perfectionnements, il veut que les
écoles répondent aux nombreuses exigences de
l'hygiène, de la discipline et du travail. Et, à côté
de ses efforts si louables pour une complète instal-
lation des services de l'instruction secondaire, il n'a
point négligé le sort des hommes qui la répandent
avec tant de zèle. Il leur doit l'aisance au foyer
domestique, et leur juste part d'estime et d'honneur au milieu de la société. Messieurs, cette dette
s'acquitte tous les jours, et elle sera intégralement
soldée. Ayez confiance dans la sollicitude du Souverain, dans les sentiments de la nation, dans la
reconnaissance des familles. Est-ce que vous ne
sentez pas votre courage renaître depuis que la

sécurité vous est rendue? Est-ce que vous n'avez
pas un plus grand respect de vous-mêmes et de
votre mission depuis que l'opinion publique vous
soutient et vous honore? Que les inquiétudes disparaissent donc, que les défaillances fassent place
à l'énergie, que le devoir s'accomplisse avec toutes
les satisfactions du cœur, car la société équitable
et bienveillante vous remercie de votre labeur; et
j'ose dire aujourd'hui que l'État, depuis l'humble
école de village jusqu'aux plus éclatantes sommités de l'enseignement, continuera résolûment sa
tâche de protection et de justice.

Mais, à notre tour, Messieurs, continuons de payer
loyalement notre dette envers le pays par un enseignement plein de mesure et de vérité, conforme
aux volontés du temps. Si un observateur impar-
tial cherchait à se rendre compte du monde actuel,
il serait frappé de la multiplicité des systèmes qui
se heurtent dans cette vaste arène. Il trouverait
partout la hardiesse et la diversité des idées, la
mobilité des impressions, l'orgueil des doctrines,
et il serait forcé de reconnaître combien l'esprit
humain est variable, ardent, personnel, en raison
même de son étendue et de sa liberté. Nul ne saurait s'en plaindre, puisque telle est la condition que
la Providence impose aux conquêtes de l'humanité.
Mais il est manifeste que, dans une époque comme
la nôtre, il importe surtout d'habituer la jeunesse

à la modération des sentiments et à la rectitude
du jugement. Les choses purement littéraires exigent le goût, qui n'est, après tout, que la vraie
mesure des perceptions de l'âme. L'appréciation
des événements, des théories, des débats qui rem-
plissent l'histoire, ne réclame pas moins un con-
trôle ferme et judicieux. On ne crée pas des
hommes en s'adressant seulement à la sensibilité et
à l'imagination des enfants; il faut, par les transformations successives de l'instruction, suivant l'âge
des élèves, amener leur raison aux idées nettes du
juste et du vrai. La religion proclame et explique
ses divins préceptes, mais vous venez après elle, et
c'est à vous, serviteurs de l'État et bons citoyens,
à mettre en pratique tous les éléments d'une solide
et grande éducation nationale. Vous avez le savoir,
le discernement, l'autorité nécessaires pour conduire la jeunesse à travers les impressions qu'elle
rencontre dans le long pèlerinage de ses études.
Pour vous, les plus mauvaises méthodes sont ordi-
nairement les plus compliquées, et le faux enseignement est celui qui se rapproche le plus des
préjugés. Restez donc, Messieurs, dans la voie si
féconde que vous avez toujours suivie. Restez dans
la mesure qui exclut toutes les exagérations; restez
dans la vérité qui illumine les esprits de sa lumière
si pure; et préparez ainsi nos enfants à entrer, sans
étonnement et sans péril, dans un monde où le

premier gage du succès est l'activité de l'intelligence
unie aux droites inspirations du bon sens et de la
raison. Apprenez-leur aussi à ne point hériter des
querelles de leurs pères, à ne point rabaisser le
présent, à ne point se défier de l'avenir. L'État,
dans son enseignement, inspire à tous le respect
de Dieu, l'amour de la patrie et de la famille, et
c'est au nom de Dieu, de la patrie et de la famille,
qu'il confesse hautement sa foi vive dans les destinées de la société et dans tous les légitimes progrès qu'elle peut atteindre. Voilà votre devoir,
Messieurs, et vous l'avez bien rempli! Voilà votre
honneur, et vous n'y avez jamais failli! C'est pourquoi je vous rends ce solennel témoignage, que le
pays ratifie par sa reconnaissance et son estime.

Chers Élèves,

Mon plus doux privilége, dans cette fête qui est
la vôtre, est de vous distribuer, avec les encouragements les plus sincères, des conseils empreints
de la sagesse que Dieu réserve à l'âge mur, et de
l'affection si vraie qu'il a placée au cœur des pères
de famille. Il me semble, en vous parlant, que je
m'adresse aux plus chères espérances de la patrie,
et je ne puis me défendre d'une émotion profonde
lorsque je vois le temps, qui dévore si vite les générations, vous montrer déjà du doigt comme les
possesseurs et les ouvriers du siècle qui s'accom-

plit. Il me semble entendre déjà la Providence qui
vous crie : « Debout, enfants ; à vous le labeur
« de la vie, car vous êtes des hommes, et vos
« devanciers fatigués ont peine à vous attendre. »
Travaillez donc, non pas de ce travail disciplinaire
et banal qui n'a guère le sentiment de lui-même,
mais de ce travail de l'esprit et du cœur qui a la
conscience de son but et de sa dignité. Travaillez pour être intelligents, justes et forts. Travaillez, car la science est le levier du monde, et
les lettres en sont l'honneur et la joie. Travaillez
pour les arts de la paix et de la guerre ; pour les
développements du commerce, de l'agriculture et
de l'industrie ; pour le triomphe des idées morales
et pour l'avénement de toutes les améliorations
dont le Très-Haut a déposé le germe sur cette terre.
Travaillez, afin d'être dignes de la France, qui
compte bien, avec vous, marcher toujours à la tête
des nations.

Et nous, vétérans de cette civilisation qui vous
appelle, nous vous regardons avec amour ; nous
applaudissons à vos efforts ; nous vous soutenons de
nos plus tendres sympathies, car vous êtes nos fils
bien-aimés ; vous êtes les héritiers de notre nom,
de nos projets, de nos œuvres, et c'est à vous que
nous remettrons, à notre dernière heure, le soin
de notre mémoire et l'achèvement de nos travaux.

Que si, dans vos études, et malgré le calme qui

les protége, des bruits extérieurs viennent jusqu'à
vous, comme l'écho affaibli de tout ce qui agite la
société, ne vous troublez point. Vous entendrez
dire peut-être que la religion est inquiétée et me-
nacée ; que cette société va disparaître engloutie
dans les abîmes de l'esprit révolutionnaire ; que
le mal dépasse le bien sous le régime des idées et
des institutions modernes; qu'enfin il est sage,
pour bien servir la France, de retourner en arrière
dans le sillon qu'elle trace incessamment devant
elle. Enfants, je vous le répète, ne vous troublez
point, ne soyez pas émus de tant de désolantes prédictions, et regardez autour de vous. L'illustre et
pieuse Église de France, l'Église des Fénelon et
des Bossuet, peut régner aujourd'hui sur les âmes
avec plus de liberté qu'elle n'en eut jamais. Nos
armées et nos escadres, à la voix du Souverain,
vont porter, à travers mille périls, la civilisation de
l'Évangile jusque sur les plages les plus lointaines,
et, partout où flotte notre drapeau, il abrite la croix
du Christ sous ses plis glorieux. Le pays, j'en con-
viens, remue autant d'idées qu'il accumule de découvertes; mais, dans cet immense mouvement
des hommes et des choses, il accroît sans cesse
ses forces intellectuelles, son bien-être et sa puissance. Enfants, ayez donc confiance dans les destinées de votre patrie, et aimez l'Empereur qui
les comprend avec la hauteur d'un grand esprit et

d'un noble cœur. Lui aussi regarde l'avenir, et il veut, par ses exemples, apprendre à son fils que le nom qu'il porte oblige aux bienfaits et aux gloires d'un gouvernement national. Fidèle à sa vocation providentielle, il se plaît à diriger ses desseins vers tout ce qui grandit et honore l'humanité. Messieurs, que Dieu protége la France et l'Empereur! Qu'il protége le Prince Impérial et nos enfants, afin qu'un jour ils consacrent ensemble à la cause de la civilisation, à l'influence et à la prospérité du pays, tout ce qu'on peut attendre de l'énergie, de l'intelligence et du dévouement d'une vaillante génération!

DISTRIBUTION DES PRIX

DES SOCIÉTÉS SAVANTES.

25 novembre 1861.

MESSIEURS,

Permettez-moi de me féliciter de cette séance solennelle, qui réunit aujourd'hui autour du Ministre de l'instruction publique les membres du Comité des travaux historiques et les délégués de la plupart de nos sociétés savantes. C'est la première fois qu'une pareille réunion, se constituant à Paris, presque sous les regards affectueux du Souverain, révèle et consolide l'alliance fraternelle qui doit exister entre la capitale et les départements, entre tous les hommes dévoués à la culture des sciences et des lettres et l'Etat encourageant leurs travaux.

Mon but et mon devoir, devant cette assemblée, sont de raconter les services rendus à l'histoire de notre pays par le Comité des travaux historiques, de dire comment ce Comité, s'associant à mes pensées, a trouvé, dans les diverses Sociétés savantes et Facultés de l'Empire, une collaboration qui, à raison même de sa pleine liberté et de son caractère essentiellement local, a produit les meilleurs résultats pour l'extension de tous les travaux d'érudition appliqués à la science de nos origines et de nos transformations sociales ; de rendre, enfin, un éclatant témoignage en faveur des études de ces Facultés et de ces Sociétés savantes, qui sont l'honneur, le mouvement et la vie de nos provinces dans toutes les directions scientifiques et littéraires.

Il est inutile de rappeler les différentes périodes de l'existence et de l'accroissement du Comité établi en 1834, et chargé « de concourir, sous la « présidence du Ministre de l'instruction publique, « à la direction et à la surveillance des recherches « et publications qui devraient être faites sur les « documents inédits relatifs à l'histoire de France. » Cette création, digne de l'esprit éminent qui l'avait conçue, répondit largement à l'attente du monde savant. Divisé en plusieurs sections, composé d'hommes riches de savoir et d'expérience, le Comité attaqua résolûment la vaste et utile entreprise qui lui était confiée; et, à l'heure présente, la collection des documents inédits se compose de 125 volumes in-4°, de 10 atlas et de 40 livraisons in-folio de planches lithographiées ou gravées. Il convient d'y joindre les nombreux bulletins et revues qui rendent compte de tout le travail intérieur et de la correspondance des sections du Comité. L'œuvre se poursuivra, dans l'avenir, avec la même ardeur, et plusieurs volumes pleins d'intérêt paraitront à la fin de cette année, tandis que d'autres publications, adoptées en principe, s'élaboreront pendant le cours de l'année prochaine. Il ne m'appartient pas, Messieurs, de faire l'éloge d'une collection dont la valeur est si hautement appréciée en France et en Europe, et, pour un pareil soin, je m'incline devant les hommes qui sont nos maîtres et nos guides dans l'immense étude de notre passé; mais je crois pouvoir affirmer qu'elle était généreuse et féconde l'idée de provoquer, au nom de l'État, la patiente recherche des traces laissées par nos pères s'acheminant incessamment vers la civilisation et l'unité politique. Certes, ces explorations avaient été tentées de toutes parts, et formaient déjà le plus précieux dépôt; mais on ne pouvait se flatter qu'elles eussent été épuisées, et qu'il ne restât pas à recueillir ce que vous me permettrez d'appeler beaucoup de *témoignages inédits*, sur le sol et les monuments, dans les écrits et les traditions. Telle a été la tâche du Comité des travaux historiques, institué par plusieurs de mes illustres prédécesseurs, qui, aujourd'hui, séparés de nous par les orages de la vie politique, n'en doivent pas moins recevoir l'expression de nos sentiments de justice et de reconnaissance pour une œuvre excellente. Cette tâche a été dignement remplie envers la science et envers le pays; et le Gouvernement de l'Empereur, attentif à tous les be-

soins et à toutes les gloires de l'esprit humain, l'a
acceptée, agrandie, protégée, en multipliant les
sacrifices et les efforts pour compléter, de ce côté,
le magnifique édifice de nos archives nationales.

En 1858, le Comité, désormais divisé en trois
sections, *histoire et philologie, archéologie, sciences,*
comprit avec moi que sa mission ne pouvait plus se
borner à l'investigation des documents historiques
et archéologiques, et qu'elle allait s'étendre jusqu'à l'étude de la formation successive de nos richesses scientifiques. Là aussi, il y avait à fouiller
dans le passé et à rassembler de précieux rensei-
gnements. On allait nécessairement se rencontrer
avec une foule de travaux et de découvertes dont
les départements revendiquent l'initiative et l'honneur. Enfin, puisque nous recevions les plus notables secours du zèle et du savoir de nos corres-
pondants; puisque, déjà, nous nous félicitions des
nombreuses communications faites par les Sociétés
savantes disséminées sur toute la surface de l'Empire, pourquoi ne pas chercher à étendre nos relations avec ces Sociétés, au grand avantage de l'unité
et de la puissance du mouvement intellectuel? Cette
pensée, si simple et si judicieuse, se formula de
suite par la dénomination nouvelle donnée au Comité « des travaux historiques et des *Sociétés sa-*
« *vantes,* » et elle se continua par la plus large part
que les sections s'empressèrent d'accorder à l'exa-

men des Mémoires venant de la province, par la plus fréquente insertion des comptes rendus dans la revue du Comité, et par l'organisation et le complément, au ministère de l'instruction publique, de la bibliothèque spécialement consacrée aux productions des Sociétés savantes. Plus ces collections augmentaient, plus l'on pouvait juger du labeur et de l'activité mis par les départements au service de la science, et plus grandissait l'estime due à un développement intellectuel dont la nation se réjouit et s'honore. Ce fut alors, Messieurs, que, sous les inspirations de l'Empereur, je résolus d'essayer une alliance plus intime encore entre l'État, bienveillant, intelligent, protecteur de toutes les études, admirateur de tous les talents, intéressé à toutes les découvertes et à tous les succès, et les Sociétés scientifiques et littéraires, isolées, vivant de leur existence vigoureuse mais concentrée, justement jalouses de leur indépendance, mais souffrant parfois du défaut de comparaison, d'encouragement, de publicité et d'espace. Or ce projet n'est plus celui d'une imagination se fatiguant vainement après de nobles désirs. L'alliance, j'ose le croire, est conclue : le fait existe, considérable pour le progrès de la science, honorable pour l'État, et je le salue de toutes les joies de mon cœur et de ma raison, en saluant cette assemblée qui en est la manifestation complète et vivante.

Vous êtes ici, Messieurs, les représentants du grand mouvement provincial, et il n'y a pas de plus beau spectacle que celui des esprits partout entraînés soit à rechercher nos origines dans les débris du passé, soit à éclairer les faits et la politique de notre histoire, soit à propager les éléments de la science, des lettres et du goût. Oui, la province a le droit de s'enorgueillir de ses études, de ses découvertes, de ses savants et de ses écrivains. Oui, elle paye libéralement à la patrie le tribut de ses veilles et de son dévouement. N'est-ce pas maintenant à la capitale de l'Empire, à ce centre si puissant par ses études et ses ressources, n'est-ce pas à la capitale, dont la couronne resplendit de toutes les illustrations scientifiques et littéraires, à accueillir et à glorifier la province? Assurément, un tel hommage n'atteindrait tout son prix que s'il était rendu par l'Institut impérial de France, car c'est à lui qu'il appartient, des hauteurs où il préside aux travaux de l'esprit humain, de proclamer, avec une autorité toujours respectée, des jugements souverains; mais nous savons tous combien l'illustre compagnie est attentive aux œuvres que les travailleurs de nos départements soumettent à ses appréciations, et combien elle aime à voir se développer, autour et loin d'elle-même, les mérites et les talents dont elle possède les plus parfaits modèles. Elle vous apporte, d'ailleurs, ses sympathies

par la présence, au milieu de nous, de ses membres
les plus éminents, dont le nom doit être couvert
d'unanimes acclamations. Ainsi, je ne fais en quelque sorte que suivre l'exemple de l'Institut, en
rendant à la province savante et lettrée l'hommage
qui lui est si légitimement acquis.

A vous donc, Messieurs, qui, à mon appel, êtes
venus de tous les points de la France pour ces
utiles et cordiales conférences que la science et les
lettres vous offrent à Paris; à vous, qui avez partagé, avec le Comité des travaux historiques, la
laborieuse mission des documents inédits de notre
histoire nationale; à vous, qui avez eu foi dans les
loyales intentions de l'État, voulant augmenter, par
son patronage et son secours, l'activité des Sociétés
savantes, mais voulant aussi respecter leur caractère, leur constitution et leur indépendance; à
vous, hommes d'étude ou de loisir, membres des
Académies, professeurs de nos Facultés, enfants de
l'Université ou de l'enseignement libre; à vous
tous, unis dans un même sentiment d'amour pour
le progrès, j'adresse les plus chaleureux et les plus
sincères remercîments au nom de tous ceux qui,
dans la capitale de l'Empire français, s'intéressent
au succès des travaux intellectuels et qui savent
l'accueillir, de quelque part qu'il vienne, comme on
accueille toujours un hôte vivement désiré.

Qu'ajouterais-je, Messieurs, à cette allocution

déjà trop longue? Je me persuade que personne ne
se trompera sur le but des récompenses qui vont
être décernées : elles ne sont point le signe d'une
protection ambitieuse vis-à-vis de Sociétés qui ne
peuvent accepter que des preuves de bienveillance.
Heureux de nos rapports plus intimes et des avantages que le Comité retirait d'une active collaboration, je devais songer tout naturellement à profiter
de tant d'excellents matériaux et de si habiles ouvriers, pour mener à bonne fin nos œuvres de prédilection. C'est ainsi qu'est éclose la pensée du
Dictionnaire topographique et du *Répertoire archéolo-
gique de la France,* impossible à réaliser sans le
concours des lumières de la province. La section
des sciences, de son côté, ne se considérant pas
encore en mesure de proposer une entreprise bien
définie, s'est arrêtée au louable projet de publier
les œuvres inédites de Denis Papin, de Lavoisier,
de Lagrange et de Fresnel. Mais elle a continué
d'examiner avec la plus scrupuleuse attention toutes
les études signalées dans les départements. Quoi
donc alors de plus équitable et de plus utile que
d'offrir des prix aux ouvrages qui ont le mieux ré-
pondu au vœu des sections d'histoire et d'archéologie, ou qui, d'une manière générale, ont profité à
l'avancement des sciences pures ou appliquées? En
distribuant ces prix, le Ministre de l'instruction publique, étranger aux moindres velléités de préémi-

nence ou d'absorption, n'a d'autre désir que de
prouver à tous ceux qui travaillent combien l'État
est heureux de les connaître et de les encourager.

Messieurs, nous devons être fiers de notre patrie ! Elle a repris son rang dans le conseil des nations, et l'Empereur, qui lui a rendu toutes les satisfactions de la gloire, enseigne au monde comment un grand souverain doit gouverner un grand
peuple, autant par la confiance que par la liberté.
Autour de nous toutes les puissances de l'industrie
s'apprêtent, et le pays semble se précipiter vers les
conquêtes matérielles. Grâce à Dieu, la même impulsion se fait sentir dans la sphère des arts, des
sciences et des lettres, et la France comprend que
son intelligence est sa force. Persévérez donc,
Messieurs, dans les voies de l'étude qui crée ou
féconde tous les moyens de civilisation, et que
Paris et la province restent toujours unis dans une
commune volonté de travail, de patriotisme et de
progrès.

DISTRIBUTION DES PRIX

DES ASSOCIATIONS PHILOTECHNIQUE

ET POLYTECHNIQUE.

9 février 1862.

MESSIEURS,

Depuis six années, j'ai eu l'honneur d'apporter au milieu de vous le témoignage des sympathies de l'Empereur pour l'instruction et le bien-être des ouvriers. Je me suis créé une douce habitude de ces bonnes et cordiales réunions, auxquelles président la liberté des conseils, l'amour du prochain et tous les sentiments de la justice et du devoir. Aussi, loin de cacher mes impressions, je suis heureux d'être entraîné par elles. Oui, je l'avoue, j'aime cette assistance nombreuse et émue, qui s'apprête à glorifier le travail de l'école et de l'atelier. J'honore et je remercie de toute mon âme les hommes généreux qui se pressent à mes côtés et qui, fidèles à la loi de l'Évangile, distribuent libéralement aux faibles et aux ignorants les secours de l'intelligence. J'aime le spectacle de la société moderne dans cette foule bienveillante où se confondent tous les rangs et toutes les conditions pour une œuvre de dévouement populaire. Permettez-moi donc, Messieurs, d'agir avec vous comme un ami qui retrouve, après l'absence, ceux dont il a toujours gardé l'affection. Donnons-nous la main en signe de mutuelle confiance, et puissent mes paroles, utiles et sincères, arriver à vos cœurs comme elles partent du mien !

J'ai dit que nous venions ici, tous ensemble, pour glorifier le travail, l'instruction et la bienfaisance, qui sont, en effet, les meilleurs éléments du progrès social. A mesure que le travail se répand et se perfectionne, à mesure que l'instruction pénètre dans les intelligences, non-seulement la force et la prospérité de l'État augmentent, mais, ce qui est encore plus désirable, les esprits s'élèvent, les mœurs s'adoucissent, la véritable égalité s'établit, et l'antagonisme des classes de la société, source de tant d'agitations et de malheurs, s'efface pour faire place à la pure et grande idée chrétienne, au droit commun de l'humanité. Les plus graves difficultés que les peuples rencontrent dans leur marche ascendante naissent de la misère et des préjugés. Sans doute, la misère des individus dépend de causes souvent inévitables; mais elle ne peut être jamais mieux combattue que par le goût du travail, qui est le plus fécond créateur des profits et de l'épargne. Et, quant aux préjugés, il est tout simple qu'ils s'affaiblissent et disparaissent en raison des lumières qui viennent éclairer la masse des populations. Honneur donc aux ouvriers, aux artisans, à tous ceux enfin qui, vivant du labeur manuel, cherchent dans des occupations assidues le plus légitime moyen de bien-être, et qui demandent à l'instruction les ressources intellectuelles propres à améliorer leur travail ! Honneur et reconnaissance aux hommes qui, jouissant des dons de la science ou de la fortune, protégent chaleureusement les classes laborieuses dans leurs efforts incessants ! Ainsi s'accomplit cette maxime de la raison humaine : *Aide-toi, le ciel t'aidera.* Ainsi se réalise ce précepte divin : *Aimez-vous les uns les autres,* et le monde, appuyé sur le travail, l'instruction et la charité, s'avance pacifiquement vers toutes les améliorations que la Providence lui réserve.

Nul ne devrait nier, Messieurs, ces résultats du travail, de l'instruction et de la charité, et les modifications si merveilleuses que la société reçoit sous leur influence. Cependant il y a et il y aura toujours des hommes qui, les yeux fixés sur le passé, refusent de comprendre le présent et surtout d'avoir foi dans l'avenir. Défendons-nous du moindre sentiment d'étonnement ou d'irritation; la nature humaine est ainsi faite qu'elle n'arrive que successivement aux vérités les plus évidentes, et les convictions s'étayent toujours sur des motifs respectables. Beaucoup, parmi les gens qui s'effrayent du progrès, se souviennent de nos longues et sanglantes révolutions; ils croient le pays condamné à les subir encore, s'il préfère le mouvement au repos; et ils le voudraient, de peur de perturbations nouvelles, enfermé dans une constitution sociale immuable. Grâce au ciel, la France, pour fonder sa sécurité, n'est pas réduite à la triste nécessité d'arrêter ses conquêtes matérielles et morales. Qu'on lise bien l'histoire, qu'on se rende un compte exact de l'origine et de la portée des événements : si les luttes ont été violentes, les révolutions terribles, c'est qu'elles éclataient dans un centre d'abus énormes et de résistances désespérées, en sorte qu'il fallait reculer ou détruire; et alors, les passions surexcitées, implacables, se sont rendues coupables des excès les plus odieux. Tel est l'éternel regret qui s'attache à l'enfantement de nos libertés. Ajoutez, Messieurs, que le pays, surpris par l'imminence des réformes, divisé en castes hostiles, n'avait en rien préparé le peuple pour faire face à ces crises suprêmes. Mais, aujourd'hui, toute idée juste ou utile peut se développer sans la rude épreuve des discordes civiles, et la puissance de l'opinion suffit à résoudre tous les problèmes. Cette heureuse transformation, je le répète, est due aux effets du travail mettant aux mains de chacun la possibilité d'une honnête existence, de l'instruction éclairant les esprits, de l'égalité et de la charité créant entre tous les citoyens des rapports de justice, d'assistance et d'affection.

Qu'on se rassure donc : la société, qui se dirige, suivant la volonté de la Providence, vers les perfectionnements de la civilisation, n'a rien de menaçant pour les grands intérêts de l'ordre public. L'expérience de la nation a mûri avec l'étude et la pratique de toutes choses; le temps n'est plus ni des tribuns, ni des théories qui poussaient le peuple à la misère, en ne semant autour de lui que des haines et des ruines. Je cherche en vain, à l'heure qui sonne, et des castes privilégiées, et des inégalités purement arbitraires, et des lois oppressives, et des populations accroupies dans l'ignorance, et tout ce qui constituait jadis des germes de guerre et de colère entre les hommes, qui semblaient n'être pas les citoyens d'un même pays. Loin de là, notre patrie, forte des vrais principes d'équité sociale, ouvre la carrière à tous ses enfants. Voyez, Messieurs, comme les exemples abondent : prenez-les au milieu de vous. Où sont donc nos ancêtres, à nous qui datons d'hier? Qui nous a menés, les uns à la fortune, les autres au pouvoir; ceux-ci aux sommités de la science ou des lettres, ceux-là à la gloire militaire ou civile? le travail, l'instruction et le courage.

Il me semble entendre la France dire à tous les citoyens : « Allez, enfants, le champ est libre à tous « ceux qui veulent user de leurs facultés. Allez, il « y a place au soleil pour quiconque travaille et « persévère ! » Et nous avons résolûment entrepris

l'œuvre de l'avenir; quelques-uns ont succombé à
la fatigue; presque tous ont eu à lutter avec les
privations et les obstacles; mais enfin le succès a
couronné nos laborieux efforts. Ouvriers et artisans qui remplissez cette enceinte et qui m'écoutez, voilà comment nous tous, enfants du peuple
comme vous, nous avons conquis l'honneur et le
bien-être! Voilà pourquoi nous environnons d'une
fraternelle sollicitude les classes laborieuses au sein
desquelles nous pouvons retrouver le nom de nos
pères. Eh bien, n'est-ce pas là la vraie démocratie,
ardente au progrès, charitable envers ceux qui
souffrent, ennemie du désordre, puissante par le
travail, par le savoir, par le respect de tous les
droits, et n'estimant rien plus haut que la grandeur
et la sécurité du pays?

Ai-je besoin d'ajouter, Messieurs, que, dans cette
voie si féconde de réconciliation sociale, c'est l'Empereur qui marche à la tête de la nation. Je ne veux
point parler de la gloire qu'il nous a rendue, ni de
la France recouvrant avec lui son influence et sa
dignité, trop longtemps oubliées. Mais quel souverain a plus cordialement souhaité le contentement
et l'aisance au foyer du laboureur et de l'ouvrier?
Qui a jamais, du haut du trône, mieux compris les
devoirs de charité et de protection? Comptez autour
de vous les institutions consacrées à instruire, à encourager et à secourir! Comptez les bienfaits, et

rappelez-vous ces paroles dont l'écho retentit encore : « Quand le peuple souffre, disait l'Empe-
« reur, en s'adressant naguère aux grands corps de
« l'État, il ne me rend pas responsable de ses souf-
« frances, parce qu'il sait que toutes mes pensées,
« tous mes efforts, toutes mes actions, tendent sans
« cesse à améliorer son sort et à augmenter la pros-
« périté de la France. » Dites maintenant, Messieurs,
si vous êtes justes, que jamais plus loyal amour du
peuple ne fut dans un plus noble cœur, et répon-
dez à tant de dévouement par autant de reconnaissance et de fidélité !

Ai-je besoin d'ajouter encore que, pour s'ache-
miner d'un pas ferme à travers les vicissitudes de
ce monde, pour assurer au travail, à l'instruction
et à la charité tous les fruits qu'ils doivent produire,
il faut le soutien de la loi religieuse ; car c'est Dieu
qui est le commencement et la fin de nos destinées.
Gardez donc toujours vos croyances chrétiennes,
si belles, si pures, si bienfaisantes. La religion du
Christ enseigne à tous la mansuétude, la douceur
et la modération. Amis, restez fidèles à ce divin enseignement, alors même que vous auriez à souf-
frir de l'orgueil ou de la violence d'autrui. Souvenez-vous que c'est la religion qui nous accompagne
dans le long pèlerinage de la vie, depuis le berceau
jusqu'à la tombe ; souvenez-vous qu'il n'est pas une
souffrance qu'elle ne soulage, pas une douleur

qu'elle ne console, et que, si le désespoir vient
un jour briser notre âme par l'obstination du malheur, c'est elle encore qui, montrant le ciel, sait en
faire descendre la résignation et le sacrifice.

Messieurs, que ces grandes idées de religion,
de patrie, de travail, vous inspirent et vous fortifient dans les épreuves ! Courage et espérance, et
que Dieu protége la France et l'Empereur !

DISTRIBUTION DES PRIX

DU CONCOURS RÉGIONAL DE NANCY.

——

24 mai 1862.

MESSIEURS,

Les ordres de l'Empereur appelaient le Ministre
de l'instruction publique à présider la cérémonie
de l'inauguration du palais des Facultés, si géné-
reusement élevé par la ville de Nancy. Il a trouvé
ici deux fêtes au lieu d'une, deux fêtes que je puis
appeler nationales, tant elles excitent l'intérêt de
vos départements dont elles révèlent l'importance
agricole et les goûts intellectuels. Invité à présider
aussi la distribution des prix décernés au concours régional, j'ai reçu de mon collègue, M. le
Ministre de l'agriculture, le plus gracieux assentiment, et j'ai pu m'associer aux joies et aux émotions
qu'il aurait si volontiers partagées, si le service
de l'État ne l'eût retenu au centre de la vaste administration confiée par l'Empereur à son habileté et
à son dévouement.

Mais, s'il m'était facile de remplir cette partie
attrayante de mon rôle officiel, je comprenais qu'il
y aurait impossibilité pour moi de parler, avec une
autorité suffisante, des efforts, des résultats, des

9.

transformations du travail agricole constatés dans la région territoriale dont Nancy devient le chef-lieu pour le concours actuel. Je remercie donc M. le préfet du département de la Meurthe, non pas des choses flatteuses qu'il m'a dites, ce que je dois à sa courtoisie et à notre ancienne amitié, mais de l'excellent discours que nous avons applaudi tout à l'heure, et qui a si bien retracé le progrès imprimé à toutes les branches de l'agriculture dans les départements de la Lorraine et de l'Alsace. Quand un administrateur parle ainsi des hommes et des choses, c'est qu'il est digne de les diriger, qu'il est un intelligent serviteur de l'État, et qu'il sait heureusement répondre aux vues du gouvernement de l'Empereur, dont il possède, à bon droit, l'estime et la confiance.

Permettez-moi, cependant, Messieurs, de terminer notre réunion par quelques paroles destinées à manifester les impressions que j'ai éprouvées en voyant votre pays, en parcourant avec vous l'exposition de vos produits et en me rappelant votre histoire. Peut-être ne serez-vous pas insensibles à ce témoignage, et je m'estimerais heureux qu'il pût vous encourager dans les voies où la patrie vous suit de tous ses vœux. Votre sol était généralement fertile, vos vallées plantureuses, vos cours d'eau nombreux, et la nature, en vous dotant libéralement, semblait vous convier au profitable labeur des

améliorations. Vous avez entendu cet appel comme
il convenait à cette contrée, si remarquable par
son esprit d'ordre, de sagacité et de persévérance.
Souvent on manque le but en voulant l'atteindre
trop vite; mais vos agriculteurs, étudiant prudem-
ment les innovations, attentifs aux expériences,
donnant aux applications la mesure du temps et des
ressources, sont arrivés à des progrès considérables
et certains, que l'exposition d'aujourd'hui consacre
si glorieusement. Aussi, à mon sens, l'heure d'un
rapide essor a sonné, parce que les cultivateurs
convaincus connaissent le but et les moyens, et
qu'ils croient désormais à la science agricole étayée
sur les observations de la pratique. Honneur et
succès, Messieurs, à cette laborieuse et vaillante
Lorraine, dont on ne foule pas le sol sans en faire
jaillir des souvenirs mémorables, où le travail de
la charrue a sa renommée aussi bien que l'œuvre
de la pensée, où la culture des champs sera toujours la plus abondante source des vraies richesses, et où la France ne se lassera pas de
chercher ses meilleurs citoyens et ses plus braves
soldats!

Continuez, Messieurs, à perfectionner dans vos
champs les moyens de travail et de production.
Tout semble avoir été dit sur l'agriculture; il y a
pourtant une vérité qu'il faut répéter, c'est que nul
ne peut deviner encore à quel point la terre arrê-

tera son énergie de fécondité sous la main de l'homme. Si avancés que nous croyons être dans les méthodes et l'expérimentation, nous sommes néanmoins presque au début de nos efforts, et l'immense impulsion à laquelle le pays obéit aujourd'hui ne date guère que d'hier, car c'est d'hier seulement que toutes les conditions favorables à l'agriculture se sont rencontrées et réunies. Demandons-nous, en effet, depuis quand les propriétaires habitent leurs domaines, non pas uniquement pour les distractions et les loisirs de la villégiature, mais pour s'occuper de perfectionnements, pour aider les fermiers en conseils ou en avances, ou pour se livrer eux-mêmes à l'exploitation de leurs terres. Depuis quand voit-on se multiplier les écoles professionnelles, les cours municipaux ou départementaux, et les institutions supérieures qui répandent l'enseignement agronomique? Depuis quand les sciences pures, sollicitées de se détourner un peu de leurs hautes méditations, ont-elles jeté la plus vive lumière sur tous les problèmes de la végétation, et se complaisent-elles, par de pareils services, à se rendre populaires jusqu'au fond des villages? Certes, je ne voudrais être injuste envers aucune époque; beaucoup de choses ont été tentées et même organisées en 1848, et notamment avec le concours de Matthieu de Dombasle, votre savant et dévoué compatriote.

Mais il est incontestable que le nouvel Empire a eu
l'honneur de développer plus qu'aucun autre gouvernement le sentiment des intérêts ruraux, le
goût de l'agriculture, l'importance de la richesse
du territoire et tous les secours de la science appliqués aux régimes et aux amendements du sol, à
l'amélioration du bétail et aux rendements des ré-
coltes. Si j'avais besoin, pour fortifier cette asser-
tion, d'un autre témoignage que celui de l'évi-
dence, j'invoquerais l'autorité de mon illustre ami
M. Dumas, qui siége à mes côtés, et qui peut dire
combien la science, dont il est l'un des plus glorieux représentants, a dû aider et faire grandir l'industrie avant d'arriver aux progrès de l'agriculture.
Marchons donc résolûment, Messieurs, dans la
carrière où notre siècle entre à peine et qui lui
offre tant d'espérances; que l'expérience et l'étude
sèment l'abondance dans les sillons du cultivateur,
et que Dieu lui rende au centuple le prix de ses
sueurs et de ses travaux !

Elle n'est donc pas fondée la plainte que répètent
quelques esprits chagrins. Le Gouvernement, disent-
ils, ne protége pas assez l'agriculture. Et en quoi, je
vous prie, serait-il indifférent ou mal inspiré ? La
cause la plus certaine de langueur pour l'agriculture serait une protection exclusive, aveugle, qui,
en rendant ses produits plus rares, plus chers, lui
ferait payer la rente du sol et ses propres consom-

mations à un prix plus élevé. Ce qui importe surtout à nos cultivateurs, c'est de produire beaucoup
et bien, de rencontrer, avec des débouchés nombreux, de faciles échanges, et de compter sur l'action bienveillante de l'État. Eh bien, Messieurs, je
le dis, non par flatterie, car l'Empereur la déteste,
et je me sens peu apte à son langage, mais je le
dis avec ma conviction d'honnête homme, quel est
le souverain qui ait été plus pénétré de cette bienveillance que l'Empereur Napoléon III ? Issu du
suffrage universel, éprouvé par bien des vicissitudes, il a compris de bonne heure que sa force ré-
sidait surtout dans la popularité de son nom, dans
l'opinion publique et dans l'adhésion du plus grand
nombre des citoyens et des intérêts. Ses sympathies,
autant que sa raison, le poussaient vers les classes
laborieuses qui peuplent les villes et les campagnes,
les ateliers et l'armée, et qui vivent de leur labeur
quotidien. Son noble cœur, plein d'amour et de
respect pour cette grande nation qui s'appelle la
France, et qu'il a sauvée des catastrophes de l'anarchie, aspire sans cesse vers tout ce qui peut augmenter sa puissance, sa richesse et son activité.
Avec de telles pensées, il devait, avant tout, songer
aux progrès de l'agriculture, qui nourrit tout le
monde, et au sort des vingt millions d'hommes
dont les bras remuent et fécondent le sol. Ce que
devait faire l'Empereur, il l'a fait, Messieurs, avec

une rare persévérance, et il ne s'arrêtera pas dans
le cours de ses patriotiques projets. Les routes,
les canaux, les chemins de fer, partout améliorés
ou multipliés, permettent aux produits agricoles
d'arriver facilement sur les marchés. L'Empereur
écarte les impôts qui doivent grever péniblement
l'habitant des campagnes, et son vœu le plus
sincère serait de pouvoir diminuer ceux qui exis-
tent. Il a voulu qu'outre les comices, souvent
impuissants à exciter l'émulation, les concours
régionaux fussent fondés, afin d'ouvrir un large
espace à la comparaison des méthodes, des instruments, des bestiaux et des productions de l'a-
griculture.

Le Souverain qui a rétabli la paix publique, qui
a porté le drapeau national sur les plages de la
Crimée, sur les rives lointaines de l'extrême Orient,
qui a tenu dans sa main victorieuse l'épée de Magenta et de Solferino, qui a placé la patrie si haut
dans le conseil des nations, trouve encore chaque
jour, au milieu des graves préoccupations du gouvernement de l'Empire, le moyen de s'occuper du
bien-être des populations rurales, et d'accroître la
valeur de la terre qu'elles cultivent. C'est que
l'Empereur aime l'agriculture et le peuple. Ayez
donc foi, Messieurs, dans le cordial attachement de
l'État aux intérêts si précieux qui sont les vôtres;
comptez sur l'Empereur comme il compte sur

vous; gardez-lui votre respectueuse affection, et confiez-moi le bonheur de lui dire, à mon retour, que la Lorraine est toujours la terre du travail, du patriotisme et de la loyauté!

INAUGURATION

DU PALAIS DES FACULTÉS DE NANCY.

———

24 mai 1862.

MESSIEURS,

Je remercie respectueusement l'Empereur de la mission qu'il a daigné me confier, et que je viens remplir avec tant de bonheur. Tout à l'heure j'applaudissais aux progrès de votre agriculture et saluais de grand cœur les enfants de la Lorraine, devenus les enfants dévoués de la France, multi-pliant les richesses de leur sol par le travail intelli-gent; je retrouve maintenant les mêmes impressions et les mêmes motifs de joie. Nous voici dans ce palais des Facultés, courageusement entrepris, ra-pidement terminé, qui atteste, par sa vaste et belle ordonnance, que les sacrifices n'arrêtent point votre énergie quand il s'agit d'honorer les lettres et les sciences, et de leur ouvrir un asile digne d'une grande et généreuse cité. Il est bien que la recon-naissance publique récompense les services rendus et qu'elle se manifeste par d'éclatants témoignages. L'occasion semble s'offrir d'elle-même dans cette fête universitaire et municipale, qui rassemble au-tour d'un Ministre de Sa Majesté les hommes les

plus notables de votre ancienne province,et qui
émeut si vivement toute une population habituée à
encourager les entreprises utiles. A vous donc,
Messieurs, d'unir votre voix à la mienne, afin
d'adresser au maire et au corps municipal de Nancy
les remercîments les plus sincères pour l'œuvre
qu'ils viennent d'achever avec tant de résolution.

Sans doute, vous aviez à suivre vos propres
traditions locales, car jamais la cité nancéienne
n'a négligé ni le soin de l'instruction primaire, ni
le développement de toutes les études essentielles
à la force et à la dignité du pays. Partout, ici,
s'élèvent des établissements admirablement diri-
gés, où les enfants du peuple recueillent le bienfait d'une éducation appropriée aux besoins de
l'existence professionnelle. Partout fleurissent des
institutions destinées, à côté de votre bibliothèque,
de votre musée, de votre jardin botanique, à répandre le goût de la littérature, de la science et
des arts.

Votre lycée, soutenu par une administration vi-
gilante, par le zèle d'excellents professeurs, a su
conquérir et il saura garder la confiance des familles. C'est à cause de cette remarquable prédilection pour la vie intellectuelle que le gouvernement
impérial s'est empressé de doter votre Académie
des deux Facultés qui attirent à leurs leçons une
studieuse jeunesse. Mais vous avez compris qu'il

importait de répondre à la bienveillance de l'État
par de nouveaux efforts; et, malgré les difficultés,
malgré les charges de la ville, embrassant l'ensemble des améliorations désirées par ses habitants,
vous avez construit, en deux années, pour le service de l'enseignement supérieur, le magnifique
édifice que nous venons inaugurer. Peut-être même
avez-vous voulu devancer l'avenir en donnant à cet
édifice les proportions nécessaires pour y recevoir
un jour les chaires d'une troisième Faculté. Je
souhaite cordialement, Messieurs, que cette prévoyance ne soit pas trompée, et je puis dire, sans
sortir de mon devoir, qu'il y a toujours des garanties de succès dans les désirs qui sont légitimes et
dans les résolutions qui sont persévérantes.

Grâces soient donc rendues à l'esprit qui anime
cette cité, protectrice assidue des études qui doivent
augmenter dans toutes les classes de la société les
véritables éléments du bien-être moral et matériel.
L'Empereur, qui désire la France puissante par
toutes les ressources de la civilisation, connaît et
apprécie la part que vous prenez à ses desseins; il
sait votre ardent amour de la patrie, votre sincère
dévouement pour le souverain qu'elle a librement
choisi, et, voulant renouveler les preuves de son
affection pour sa bonne ville de Nancy, il m'a chargé
de remettre la croix d'officier de la Légion d'honneur à M. le baron Buquet, au digne chef de votre

administration municipale. C'est un acte de justice que vous accueillerez par d'unanimes acclamations.

Messieurs, l'avenir des nations dépend de leurs progrès intellectuels, et la base la plus solide de ce progrès est l'organisation libérale de l'instruction publique. Je n'ignore pas que, dans le tourbillon des événements et des intérêts qui dominent la so-ciété, l'œuvre de l'éducation des enfants reste un peu solitaire, modeste, et souvent inaperçue de la foule, que d'autres préoccupations entraînent. Mais l'homme sérieux qui médite sur la société, qui a le secret de ses forces et de ses faiblesses, qui sou-haite son pays puissant et respecté parmi les peu-ples, sait bien que la marche régulière de la civili-sation serait entravée, si les générations actuelles, maîtresses de la scène du monde, ne songeaient point à préparer les générations qui les suivent. Aussi l'État, au moment où il proclamait la liberté d'enseignement, a-t-il réservé pour lui-même le droit et le devoir de maintenir ses établissements scolaires et d'offrir à la jeunesse un large système d'instruction nationale. Il se réjouit donc toutes les fois qu'une des principales villes de l'Empire s'unit à lui pour fonder des institutions d'enseignement.

Permettez au Ministre de l'instruction publique de vous exprimer les plus chaleureuses félicitations pour le bien que vous avez fait. Chez vous, Mes-sieurs, dans ce pays d'ordre, de bon sens, de tra-

vail et de sage liberté, les familles sont heureuses
que leurs enfants puissent, près d'elles, jouir des
précieux avantages des études supérieures. Il y a
toujours péril ou souffrance quand il faut trop s'é-
loigner du toit paternel et des sentiments dont il a
seul le privilége d'entretenir l'influence et la pureté.
Désormais la Meurthe et les départements qui sont
ses frères, si je puis parler ainsi, ont, au centre de
leur ancienne province, ce qu'avaient tenté vos
anciens ducs, un foyer d'instruction et de lumière
autour duquel vos fils viennent s'asseoir et demander les bonnes excitations de la raison et du cœur.
L'Université, fière de cette alliance, regarde avec
un juste orgueil le palais où vous offrez la plus honorable hospitalité à des professeurs renommés et
à des élèves laborieux, et je viens vous dire pour elle
ces paroles de reconnaissance : « A la ville de Nancy ;
« à vous, Messieurs, honneur et merci ! »

MESSIEURS LES PROFESSEURS DES FACULTÉS,

Je ne remplirais pas complétement ma mission,
si, le cœur satisfait d'avoir remercié la ville de
Nancy, j'oubliais de rappeler ce qu'on attend de
vous en échange des sympathies qui vous environnent. Je sais que vos preuves sont faites, et
combien l'estime publique a consacré les résultats
de votre enseignement. La France savante et lettrée
connaît vos noms ; elle s'intéresse à vos études, et

l'Empereur, en conférant la croix de la Légion
d'honneur à MM. Burnouf, Nicklès et Grandjean,
vient ajouter à l'approbation de vos concitoyens
l'éclat du plus auguste suffrage. Mais, quel que soit
votre amour du devoir, si constants que vous puis-
siez être au travail, vous entendrez encore, non
sans quelque profit, quelques-uns de ces conseils
affectueux qui encouragent dans la voie du bien.

L'instruction supérieure, distribuée au nom de
l'État, et qui peut tant agir sur les esprits, a besoin, pour produire tous ses fruits, d'être en rapport complet avec les exigences sociales de chaque
époque. On se rend compte, aujourd'hui mieux
que jamais, des ressources du sol, de l'importance
de l'agriculture, du commerce et de l'industrie;
on étudie les calculs de l'économie politique, on
cherche à multiplier les échanges internationaux;
le désir de la richesse et du bien-être devient
plus vif et plus éclairé, et il s'accomplit un immense mouvement vers toutes les conquêtes matérielles.

Que la science donc, à côté de ses principes et
de ses vérités abstraites, place toujours, comme la
lampe qui éclaire les mystères de l'autel, l'indice
des applications pratiques; qu'elle explique, alors
même qu'elle ne doit enseigner que la pure théorie,
comment cette théorie, née de l'observation de ce
qui est, retourne à toutes les réalités du monde

physique pour les rendre compréhensibles et fécondes, et qu'elle propage ainsi le goût d'apprendre
des choses qui séduisent par leur universelle utilité.
Mais, en même temps, que la science n'exalte pas
trop la raison; qu'elle ne se produise pas comme
le dernier mot de l'humanité; qu'elle montre au
contraire, dans les prodiges de la matière, l'esprit
divin qui l'a créée, et qu'elle soit de la sorte le révé-
lateur le plus énergique des rapports qui enchaînent
l'homme à la puissance de Dieu.

Rien n'est plus vaste, d'un autre côté, que l'enseignement des lettres : poésie, histoire, philosophie, éloquence des temps passés et des temps
modernes, tout entre dans son domaine, et c'est
assez indiquer quelle peut être son influence sur
le pays. Or, dans un siècle fier de son indépendance et de son activité, qui a remué tant de systèmes en traversant tant d'événements, le haut
enseignement littéraire doit se distinguer par la
clarté, la vigueur et l'étendue. Mais combien,
aussi, doit-il être d'un goût sévère, combien doit-il
défendre les règles du vrai et du beau, trop souvent sacrifiées à des nouveautés périlleuses ou à
de brillantes aberrations ! Plus l'esprit humain se
meut avec sa liberté, plus il fait de tentatives,
d'expériences et de hardiesses, plus il est urgent,
pour se garder des erreurs, qu'il ne perde pas
de vue ces types inaltérables du vrai et du beau

auxquels le monde moral ne saurait jamais renoncer.

Messieurs, ne vous laissez point détourner par la fougue de l'invention, ou par l'appât de faciles applaudissements, de cette intuition calme et sereine des choses, de ce sentiment exquis de la mesure, de la morale et de la justice, qui rendent les études littéraires l'aliment le plus pur de la vie intellectuelle. Si la jeunesse est prompte aux impressions généreuses, elle manque de la prudence réservée à l'âge mûr. Dirigez-la donc vers le bien par vos leçons, préservez-la des exagérations, et formez pour le pays des hommes assez éclairés pour aimer le progrès, mais assez fermes pour ne jamais l'isoler de la modération des idées et du respect de la paix publique.

Messieurs, vous vivez au sein d'une province où les grands exemples abondent et où les plus riches souvenirs du passé peuvent servir à bien gouverner le présent. On lui dispute l'honneur d'avoir donné naissance à cette sainte et héroïque Jeanne d'Arc qui délivra la France du joug odieux de l'étranger. Mais nul ne dispute à la Lorraine l'honneur d'avoir croisé son épée, jusqu'au dernier tronçon, avec le million de soldats de l'Europe coalisée. Nul ne dispute à cette terre imprégnée de patriotisme l'honneur d'avoir envoyé les plus braves, les plus fidèles et les plus glorieux soldats dans ces phalanges ré-

publicaines et impériales dont l'histoire ressemble
déjà à une merveilleuse épopée. Ici règnent à un
haut degré tous les sentiments qui honorent une
nation et qui la font digne de respect, parce qu'elle
est également prête aux travaux de la paix et aux
sacrifices de la guerre. Continuez, Messieurs, à
vous inspirer des traditions qui vivent sur cette
terre de Lorraine, et que la France, notre commune patrie, accepte et glorifie. Vous avez pour témoin de vos efforts le brave et illustre maréchal
qui siége à mes côtés, et qui représente si bien,
dans ces contrées, et l'honneur militaire, et la bienveillance du commandement, et le dévouement le
plus loyal à tous vos intérêts légitimes. Vous avez
encore pour témoin, et vous le prendrez souvent
pour guide, l'évêque de ce diocèse, vénéré de tous
à cause de sa sagesse, de ses lumières et de sa piété.
Il atteste, par sa présence au milieu de nous, que
la religion du Christ est sympathique aux travaux
de l'intelligence, et qu'elle se sent assez forte de
son autorité divine pour bénir et partager les hautes
études de nos Facultés. Enfin, Messieurs les professeurs, vous pouvez compter sur la tutélaire assistance de la magistrature, dont les chefs respectés
viennent presser ici la main de leur ancien collègue.
Ils aiment à demander aux belles-lettres le plus
honorable délassement du labeur judiciaire. Soyez
donc rassurés et confiants, travaillez et enseignez

10.

pour le triomphe de la science et des saintes doctrines, et votre récompense sera tout à la fois
l'estime de vous-mêmes et celle de vos concitoyens.

Messieurs, au nom de l'Empereur, je consacre à
l'Académie de Nancy et à l'enseignement de ses Facultés ce palais dû à la munificence de votre cité.
Que le premier écho qui frappe ses voûtes soit celui
de notre vœu national !

Dieu protége la France et l'Empereur! Qu'il bénisse l'Impératrice, la providence des pauvres et
des malheureux; le Prince Impérial, l'espoir de
l'avenir! — Messieurs, *Vive l'Empereur!*

DISTRIBUTION DES PRIX

DU CONCOURS GÉNÉRAL.

11 août 1862.

MESSIEURS,

Lorsque nous nous retrouvons, à la fin de chaque année classique, sous les voûtes de notre vieille Sorbonne et en présence de cette radieuse jeunesse attendant ses récompenses et ses couronnes, nous nous sentons entraînés à de graves pensées. Si le cœur éprouve la joie la plus douce, la raison s'émeut et médite : ne sommes-nous pas, en effet, les héritiers du passé, les ouvriers du présent, et voici devant nous les travailleurs de l'avenir ! Certes, le temps fuit comme l'éclair, et la distance est bien courte du berceau à la tombe ; mais il importe peu que nous allions rapidement vers le déclin. N'avons-nous pas placé sur la tête chérie de nos enfants le bonheur de la famille, le fruit de nos labeurs, l'honneur de notre nom et toutes les traditions de la patrie? Aussi, avec quelle tendresse nous aidons les générations nouvelles qui s'élèvent à l'horizon de la vie ! Comme elles sont entourées d'espérances et d'affections ! Plus elles avancent dans la carrière, plus les générations qui les précè-

dent, s'approchant du terme, semblent redoubler
de dévouement et de soins, plus elles jalonnent la
route par les conseils de l'expérience; et, quand,
enfin, elles vont s'éteindre : « Allez, disent-elles
« à leurs successeurs, allez où Dieu vous mène, et
« continuez notre œuvre en gardant notre mé-
« moire. »

C'est en nous inspirant de ces sentiments que
nous cherchons ici autre chose qu'une cérémonie
purement scolaire ; nous faisons, Messieurs, un
acte vraiment national en honorant le travail chez
nos enfants. Si nous les excitons par nos applaudissements à estimer à son juste prix la valeur des
études qui épurent le goût, fortifient l'âme et ar-
ment l'intelligence d'une puissante activité, c'est
que nous savons veiller sur les plus grands intérêts
sociaux. Dans le père de famille tremblant d'émotion en couronnant son fils, il y a aussi l'homme
dont la pensée va plus loin que les satisfactions du
foyer domestique, et qui promet à la société un
citoyen utile ou illustre. Si modestes que soient
ces distributions de prix, perdues dans les pompes,
les bruits et les événements du monde, elles présentent donc un spectacle dont les émotions appartiennent surtout au pays lui-même. C'est le génie de la France qui plane au-dessus de cette élite
d'adolescents et qui sourit à leurs victoires. A
ceux qui doutent et rapetissent tout ce qui con-

cerne l'enseignement, demandez pourquoi l'opinion s'agite si vivement aujourd'hui autour des
questions de l'instruction publique. Demandez-
leur pourquoi elles sont l'objet de la haute solicii-
tude de l'Empereur et des plus sérieuses discussions au sein des grands corps de l'État. Demandez
enfin à l'expérience et à la sagesse des temps comment on peut assurer la supériorité d'une nation.
Il faut donc nous féliciter, Messieurs, et jamais occasion plus opportune ne s'est présentée, de l'intérêt universel qui se manifeste pour les hommes et
les choses de l'enseignement ; et, afin de répondre
à cet intérêt qui nous honore, permettez-moi d'affirmer que l'Université continuera loyalement son
œuvre de travail et d'amélioration.

Mais, avant d'indiquer le but actuel de ses efforts,
il est bon de s'entendre sur son droit. J'ai souvent
dit et je répète avec confiance que l'État ne saurait,
quand il s'agit de l'enseignement, abandonner sa
part d'influence et d'action. Il a bien fait de proclamer la liberté pour tous ; mais il serait étrange que,
renonçant à en user pour lui-même, il se condam-
nât à l'indifférence sur les questions les plus vitales
de la chose publique. Personne n'ignore combien
l'Église a été, dans la formation des sociétés modernes, un magnifique modèle de prévoyance, de
discipline et de fermeté, et comment elle a établi
partout l'autorité de ses institutions. Elle disait

par la bouche d'un de ses plus célèbres docteurs :
« Enseignez les enfants, si vous ne voulez pas que
« le royaume de Dieu soit stérile et désert. » Aujourd'hui, l'État, qui a la conscience de sa responsabilité et des tendances sociales, répond à son
tour : « Enseignez les enfants, si vous voulez que la
« France ne défaille point à sa fortune et à son
« avenir. » Gouverner un grand pays, c'est aussi
préparer les enfants à soutenir vaillamment ses destinées. Tout s'enchaîne dans l'existence des peuples,
tout y est dominé par l'esprit de mouvement et
de continuité. Jamais donc, en France, l'État ne
cédera à personne la mission qu'il peut et qu'il
doit remplir pour son propre compte, la noble
mission de former la jeunesse aux principes et
aux devoirs nationaux. Chrétiens et honnêtes gens,
vous inculquerez à vos élèves le respect de toutes
les notions morales ; Français, vous propagerez en
eux l'ardent amour de la patrie et de son glorieux Souverain ; hommes d'intelligence et de savoir, vous pousserez l'esprit humain vers toutes
ses légitimes conquêtes. Tel est le rôle de l'État
enseignant, et il le gardera pour l'honneur et le
bien du pays.

Mais un pareil rôle n'admet pas le repos, et il
faut que l'instruction publique soit toujours main-
tenue à la hauteur des nécessités intellectuelles
de chaque époque. C'est pourquoi, Messieurs,

nous serions heureux aujourd'hui de perfectionner l'enseignement littéraire et d'organiser l'enseignement secondaire professionnel. En 1852, l'étude des sciences reçut une notable extension, parce que le pays, débarrassé des inquiétudes de l'anarchie, entreprenait résolûment tous les travaux de la paix. Les arts, l'industrie, le commerce, l'agriculture, les canaux, les chemins de fer, la télégraphie, réclamaient le concours d'hommes actifs et instruits, et il se fit comme un immense reflux de la jeunesse vers les études et les entreprises scientifiques. Mais il convenait de laisser à cette subite impulsion des esprits le temps de se régler suivant la mesure des véritables exigences; et l'on dut se contenter alors d'étendre dans nos lycées et colléges l'enseignement des sciences, en le considérant comme inséparable, pendant plusieurs années du moins, du système général de nos humanités. On le destinait surtout aux élèves qui visaient aux professions libérales, aux corps savants, à la marine, à l'armée et aux administrations publiques.

Or nous croyons avoir maintenant une idée exacte des vœux et des besoins de la nation. Regardez autour de vous, Messieurs, et bénissez la Providence qui a doté l'intelligence humaine d'une énergie de labeur et de recherches égale aux ressources infinies du monde physique. Sans doute,

je n'ai point à rappeler la brillante série de découvertes qui illustrent notre siècle. Mais ne vous
semble-t-il pas que la nature, domptée par le génie de l'homme, soit plus que jamais au service de
toutes les transformations que peut rêver pour
son bien-être ce roi de la création? Et voici la conséquence sociale qui devait ressortir d'un tel
progrès: c'est que partout, même pour les professions manuelles, on réclame les secours d'une instruction bien organisée, et le pays y pourvoit par
de nombreuses et excellentes institutions munici-
pales. Mais, entre l'instruction, surtout professionnelle, et l'enseignement des humanités, quelles
études réservera-t-on pour les enfants de ces mil-
liers de familles qui, parvenues à l'aisance grâce
au travail et à l'épargne, veulent que le fils succède au père dans la culture de ses champs, dans
la direction de son commerce, dans l'exploitation
enfin de ces industries si diverses qui correspon-
dent à tant de nécessités et de consommations? De
ce côté de la société, au sein de cette classe moyenne
si recommandable par le nombre, par l'utilité,
par l'esprit d'ordre, de conduite et de persévérance, on ne peut pas songer aux études des langues
anciennes, qui, avec leur riche accompagnement
de notions complémentaires, mènent l'enfant jusqu'à la première jeunesse. On désire une instruction spéciale, et ce vœu, prévu dès 1847 par l'éta-

blissement dans nos lycées de cours annexes ou
professionnels, devient plus vif et plus général à
mesure que les citoyens attachés à la pratique des
affaires comprennent mieux ce qu'elle gagne au
contact de la science. C'est donc une sage et utile
entreprise, en présence de l'Europe, qui s'apprête
elle-même aux luttes pacifiques, que d'organiser
plus largement dans nos écoles l'enseignement secondaire français, si je puis l'appeler ainsi, et de
fonder en outre, avec le concours de l'État et des
villes, des colléges spéciaux. Nous devrons même,
pour compléter le système, instituer quelques écoles
supérieures destinées à l'étude de tout ce qui enrichit les nations par la meilleure condition des
produits, par la plus grande facilité des échanges
et par l'entente la plus judicieuse de leurs relations.

Je sais bien que toute amélioration, portant le
signe d'une nouveauté, rencontre des résistances,
et je ne serais pas surpris qu'on redoutât d'abord,
dans l'enseignement que je viens de définir, une
sorte de concurrence hostile aux études littéraires.
Dieu nous préserve, Messieurs, des folles entreprises, et elle serait presque coupable celle qui
tendrait à amoindrir les études magistrales, qui
seront toujours la plus haute et la plus pure aspiration de l'esprit humain. Mais non, grâce au
ciel, on ne nuit à personne en laissant à chacun

la liberté de sa vocation, et on ne nuit point aux belles-lettres en ouvrant à ceux qui ne peuvent les cultiver avec assez de dévouement les connaissances les plus nécessaires à leur avenir professionnel. Et remarquez, Messieurs, comme toujours on rend hommage aux vérités fondamentales. Ceux-là mêmes qui s'écartent de nos trésors classiques voudront pourtant une part d'éducation libérale à côté des spécialités qui les attirent. Tant il est évident que ce qui anime la science dans ses applications les plus diverses, c'est le flambeau de l'intelligence ornée de tous les sentiments du beau, de de l'honnête et du vrai ! Le monde matériel avec ses prodiges ne serait rien sans les splendeurs vivifiantes du monde moral. Ah ! Messieurs, que nul ne craigne un échec impossible à nos plus belles et à nos plus chères études. Si plus de quatre mille élèves viennent assister à nos cours annexes, nous voyons en même temps le nombre de nos élèves littéraires s'accroître chaque jour, et le niveau des humanités s'élève incessamment. Réjouissez-vous donc, Messieurs, car c'est la civilisation qui marche et qui répand parmi toutes les classes le goût et le besoin d'apprendre. Honneur à ceux qui s'instruisent ou pour mieux labourer la terre ou pour manier la parole et la pensée. Les arts industriels et agricoles : voilà la force d'expansion matérielle de notre patrie ; mais les belles-lettres, l'éloquence, la philosophie, l'histoire, la poésie : voilà les sources vives de sa supériorité intellectuelle. Elle lutte courageusement avec les peuples rivaux sur le terrain des faits, mais elle règne sur tous par l'ascendant des idées. Allons donc en avant, Messieurs, et que l'Empereur et le pays nous soient en aide, car nous voulons ce qui est bien, et les bonnes causes se gagnent toujours.

Espérons aussi un accueil bienveillant au projet de continuer la révision du programme littéraire et de le dégager de tout excès. Ne serait-il pas avantageux de laisser aux élèves, livrés peut-être trop exclusivement aux exercices réglementaires, un peu plus de loisir, afin de leur rendre un peu plus de spontanéité ? Comment lire avec profit les meilleurs ouvrages ; comment s'essayer aux compositions vers lesquelles l'esprit incline ; comment réagir par les instincts naissants de l'imagination sur le fond même des études, si le travail continuel des leçons et des devoirs paralyse toute initiative personnelle ? N'en est-il pas de même des maîtres et des professeurs, qui, pleins de zèle et de courage, feraient mieux encore, s'ils étaient moins absorbés ? Enfin, n'est-il pas désirable que le baccalauréat ès lettres devienne une épreuve plus intelligente et plus sûre, quand elle n'est encore trop souvent qu'une gymnastique de la mémoire, et qu'elle pousse ainsi à la désertion d'études so-

lides et régulières, pour favoriser des préparations
hâtives et trompeuses ? Toutes ces questions, éclai-
rées par l'expérience, sont dignes de la sollicitude
de l'Université, qui prend l'engagement de les
étudier et de les résoudre.

CHERS ÉLÈVES,

Ma plus douce mission est celle que je remplis
aujourd'hui en vous adressant, avec toute l'effusion
du cœur, des conseils et des encouragements. Si
de sérieuses pensées préoccupent le Ministre de
l'Empereur lorsqu'il mesure l'importance de l'instruction publique, il retrouve aussi les souvenirs
d'enfance et les sentiments paternels qui viennent
donner à sa parole la plus affectueuse sincérité.
Écoutez-moi donc encore pendant quelques mi-
nutes, et ne m'accusez pas de trop retarder le moment de vos joies et de votre liberté. Je vous parle
au nom de vos familles qui vous aiment tant, au
nom de votre pays qui vous regarde, au nom de
l'avenir qui vous appartient.

Oui, chers élèves, l'avenir vous appartient, mais
sachez vous préparer à la tâche qui vous est réservée. Elle sera grande et difficile peut-être, si on
la juge par les épreuves du siècle qui s'achève, et
si, conformément aux lois providentielles, vous devez porter plus loin que nous les conquêtes de la
civilisation. Préparez-vous donc aux fatigues de

l'existence sociale, non pas en désirant trop tôt voir et juger la scène extérieure. Gardez longtemps encore, comme la fleur voudrait garder ses couleurs et ses parfums, gardez la droiture de vos idées, la pureté de vos instincts, et n'ayez point hâte de substituer les réalités du monde aux riches et merveilleuses illusions de votre âge. Mais recueillez de vos études tout le fruit qu'elles peuvent produire ; exercez et fortifiez, sous l'influence du travail, l'esprit qui conduit aux plus délicates jouissances du goût, le cœur d'où sortent les émotions généreuses, et la raison qui préside à toutes les grandes et utiles conceptions. Fasse Dieu que nos enfants soient ainsi prêts et résolus à féconder notre héritage, afin que nous puissions, à notre dernière halte dans la vie, saluer encore le drapeau de la France, avec la certitude qu'il sera toujours l'emblème de la justice, de la puissance et du progrès !

A vous, chers enfants, de ne point oublier ce vœu de vos pères, qui vous laisseront leurs exemples. Nous aussi, nous sommes sortis des mains de l'Université ; nous lui devons nos connaissances et nos principes, et nous avons pu, grâce à une éducation virile, ajouter à la grandeur et à la prospérité du pays. Instruits aux mêmes sources, vous ferez comme nous, mieux que nous peut-être, et vous prouverez une fois de plus que l'enseignement de

l'État peut former de bons citoyens qui savent respecter la loi divine, obéir à la morale, honorer le
droit et la liberté de l'intelligence, et ne jamais
fléchir dans la voie des améliorations sociales.

Je termine, chers élèves, ce trop long discours,
en vous associant à un acte que votre cœur aurait
lui-même provoqué. Vous reconnaissez autour de
vous tous ces hommes éminents par leur savoir,
leur carrière et leurs services, dont les uns sont vos
maîtres les plus renommés, dont les autres sont ici
comme les témoins du pays. Chaque année, ils aiment à applaudir à vos succès et à vous donner un
gage de leurs profondes sympathies. Enfants, re-
merciez-les par vos cordiales acclamations. Vous êtes
heureux de voir à mes côtés le Prince de l'Église,
le vénéré cardinal, qui, comme son divin Maître,
n'a pas de bonheur plus désiré que celui d'exhorter
et de bénir la jeunesse. Que votre respectueuse
gratitude lui montre que vous avez gravés au fond
de l'âme et la foi de vos aïeux et l'amour du Dieu
crucifié pour le rachat de l'humanité. Remerciez
aussi le brave et illustre maréchal, si fidèle à l'Université et à ses modestes solennités.

Enfin, chers élèves, rendons tous ensemble un
sincère hommage et à la France et au Souverain
qui gouverne ses destinées. Depuis douze ans, aucune gloire n'a manqué au pays, dont les rapides et
prodigieux développements étonnent le monde. Le

nom de la France a retenti partout, il est partout
honoré, et malheur aux imprudents qui croiraient
pouvoir impunément insulter son drapeau. Enfants,
vivez et travaillez pour l'honneur de la patrie, et
consacrez à l'Empereur votre reconnaissance, et
à son fils votre dévouement et votre fidélité!

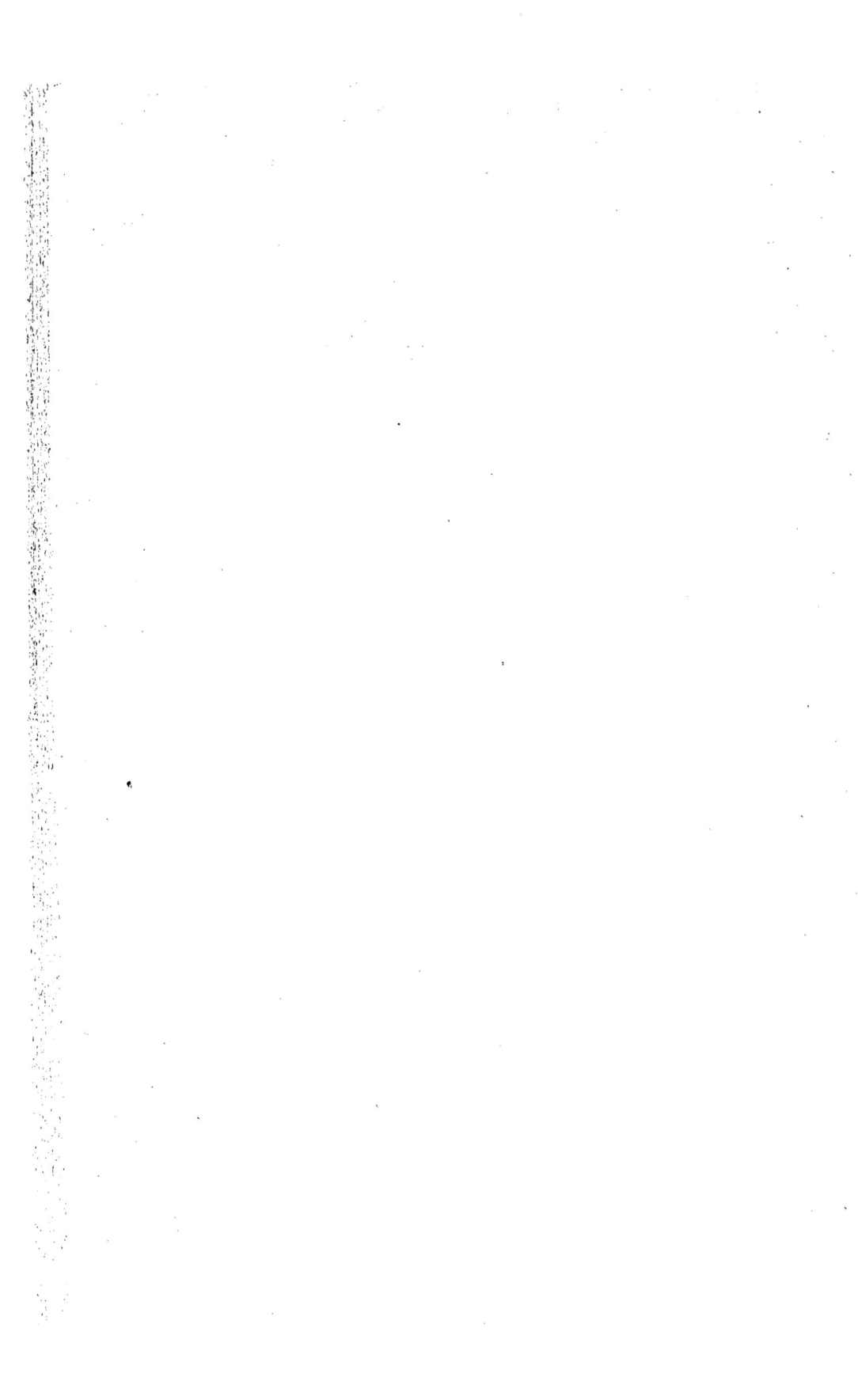

TABLE DES MATIÈRES

CONTENUES DANS LE SECOND VOLUME.

— 164 —

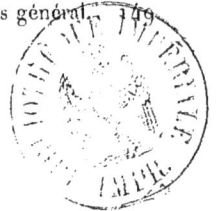

www.ingramcontent.com/pod-product-compliance
Lightning Source LLC
Chambersburg PA
CBHW050107210326
41519CB00015BA/3863